欧林雅价值准则

Onyou Value Criteria

企业价值准则是我们公司的最高行动纲领，是我们员工的最高行为准则，是衡量我们的决策、管理、制度、行为、形象是否准确的基准。每一位欧林雅员工尤其是管理干部一定要正确理解并时刻牢记我们公司的使命与精神。

企业愿景　创造全新高品位生活

企业使命　提高生活品质，打造一流企业

企业宗旨　推动企业持续赢利、基业长青

企业客户观　一切以客户的成功为根本

企业人才观　诚信、务实、专业、进取

经营法则　以人才为根本，以市场为导向，全心全意为客户服务

工作态度　认真高效，信守承诺，决不找借口，保证完成任务

工作标准　团结友爱，追求完美，勤奋努力，马上行动

品质宣言　我是欧林雅的守护者，品质是我的生命，我要用生命去捍卫，我保证客户的满意、符合标准、每项工作零缺陷。

ONYOU欧林雅

杨秋良◎著

赢在品质

——欧林雅连锁制胜密码

企业管理出版社
ENTERPRISE MANAGEMENT PUBLISHING HOUSE

① | ②
③
④

① 常务副省长于来山莅临欧林雅指导工作

② 湖南省人大副主任谢勇一行莅临欧林雅指导工作

③ 湖南省工商局局长李金冬莅临公司考察

④ 共青团湖南省委副书记赖馨正出席公司团委成立大会

① 第三季“王牌店长”特训营

② 欧林雅2013年度表彰大会暨2014秋冬新品推广会合影留念

③ 2014年欧林雅8周年庆典活动

④ 样板店店长培训合影

①	②
③	④

① 董事长杨秋良接受CCTV-1《新闻联播》采访

② 欧林雅总经理傅泽星在新品发布会上

③ 省政府秘书长戴道晋为欧林雅颁发中国驰名商标证书

④ 杨秋良出席长沙市第十四届人大会议，当选市人大代表

① 订货会上 T 台走秀

② 订货会上加盟商选购新品

③ 一年一度加盟商表彰会现场

④ 品牌代言人陈鲁豫为优秀加盟商颁奖

①

② ③ ④

① 加盟店内部场景

② 四川仁寿店开业

③ 福建漳州店

④ 广西柳州店

名人推荐 / 序一

孙晓华
原全国工商联主席

我见过的企业形形色色，但欧林雅在我印象中尤为深刻，她一路走来，坚持品质之路，赢得是这般理直气壮：

8 年的时光……

1000 多家加盟店……

2000 万的消费者群体……

每年 20% 的利润增长率……

这是杨秋良带领欧林雅从荒芜之中“拼杀”出来的企业履历。这份从无到有的“成绩单”让多少企业家自叹不如。

2006 年，杨秋良先生凭借敏锐的商业眼光以及惊人的魄力，在中国竹纤维市场几乎一片空白的情况下，不畏世俗的眼光，创办了欧林雅。

一路走来，欧林雅已经从一个十几个人的小公司发展到几百人的公司，其加盟店的范围更是横跨了大江南北，几乎遍及了全中国。

在如今这样一个“今天花开，明天花谢”的时代，欧林雅在市场经济中不仅站稳了脚，更是树立了自己独特的旗帜：中国竹纤维服饰行业第一品牌。

欧林雅的制胜点在哪里，答案是：赢在品质！

品质，是企业本质的东西，但是现今的企业面对浮华的世界，往往忽视了本质，流于表面形式。欧林雅做自己，坚持品质，守护品质，更赢在品质！

欧林雅品质赢在质量

浮躁的社会风气让大多数中国的企业本末倒置：到处拉拢资金，扩张规模，寻找企业壮大的奥秘，却忽视了企业的生命——产品质量。

问题奶粉无需再言，劣质疫苗也不用多说，一系列扑朔迷离的“标准门”事件难寻真相，一盘盘假羊肉卷甚至被端上了餐桌……对质量的漠视，最终换回的必将是自食其果，而且是难以挽回的恶果。

质量从来没有“终身制”，更没有捷径可走，很高兴看到欧林雅能一直守护着企业底线，从不在产品质量上心存侥幸。他们从来都是将产品质量放在第一位！在这里要向他们致敬。

为了产品质量和企业品质，欧林雅人日夜不休，刻苦钻研，多次创新行业技术专利并摘得各种荣誉，他们是当之无愧的竹纺业“质量之王”！

欧林雅品质胜在服务

加盟意味着什么？

单一的经济效益？

欧林雅的答案：全方位服务！

在连锁加盟泛滥的时代，欧林雅绝对算一朵“奇葩”：有钱送上门不收，必须先做市场考察，看看欧林雅是不是适合在此地“落地生根”；有投诉上门，解决了问题也就罢了，非要揪着问题不撒手，使用什么“追魂枪”之类的招式，直至找出问题根源乃至公司漏洞……

他们这么做，无非是想为客户提供更优质的服务，让欧林雅的品质更上一个台阶。

于是，客户参观，全方位讲解；客户开店，他们培训还“陪卖”；客户经营不善，他们管；客户有困难了，他们解决；客户运输障碍，他们跑腿……

这是一种“傻子”的行为，但“傻”得真诚，“傻”得让人无言。

欧林雅品质立足未来

悠悠绿竹，情谊深长，意境更为悠远。欧林雅人更是用翠竹开创了属于自己的竹纺世界。

绿色、环保、健康、舒适是他们永远的追求。落脚在实处，着眼于未来。他们一步步走来，但是目光始终注视着前方。如果说中国梦就是实业报国，就是用自己的实力，打造更大的平台，帮助更多的人实现心中的梦想，那么，欧林雅做到了。

谨以此序向欧林雅和杨秋良先生表示敬意！

名人推荐 / 序二

徐浩然
远东控股集团董事、
全国品牌社团组织联席会议主席

每隔四年，欧林雅都会有一次完美的“蜕变”。

如果说2010年的《连锁制胜——欧林雅为什么赢》一书中，记载了欧林雅“从无到有”的过程；那么，翻开2014年的《赢在品质》，你会见证欧林雅“从有到优”的华美转身。

美国《财富》杂志曾经做过一次调查：19世纪世界最大的100家公司，到20世纪结束的时候，只有16家还依然存在。而众多“世界级”的公司纷纷倒下的原因只有一个：品质不过关！

品质是企业的生命，这句话在任何时代都不过时。

严复译著的《天演论》中提及：物竞天择，适者生存。

当今的世界，是开放的世界。社会的发展浪潮波涛汹涌，创业意识势不可挡，一个企业要在竞争中乘风破浪，立于不败之地，就必须要有优良的产品质量。

企业以质量谋生存。

任何企业，若想在星罗棋布的同行中立足，若不讲求质量，注重信誉，那么后果不堪设想。

中国在改革开放初期，很多的大中型企业高投入、高成本、低质量、低效益的经营模式，注定企业发展如同一潭死水，最终导致他们只能苟延残喘，等待死亡的命运。

千里之堤，溃于蚁穴，如果一个企业的产品质量把关不严，那么不合格的产品一旦投入到市场中，就会直接损害消费者的利益，企业的形象也会随之一落千丈，产品滞销在所难免。因此，企业要以质量求发展。

企业想要发展，就是要抓住机遇，而能够抓住机遇的最强有力的手就是——质量。

任何企业，并非以优质的产品谋取生存之后，就高枕无忧了。树欲静而风不止，一个企业恰如一棵树，而发展之势则如狂飙卷地。如果企业不思进取，停滞不前，那么即使是一颗参天大树，也难敌狂风漫卷之灾。

杨秋良，一个拥有敏锐洞察力的企业家。从2006年成立欧林雅起，杨秋良就紧盯企业品质不放，这一坚持就是8年。

这一切源于杨秋良的梦想：欧林雅要打造成生态竹纺帝国，将健康、绿色、环保的理念传达到全球！

现在，“中国制造”早已经不是国人的骄傲了。“民族品牌”迅速升温，我们需要自己的民族品牌，我们要踏踏实实坚持做好每一个企业，守护好“中国品质”。欧林雅就是其中最鲜明的例子。

为了自己的“竹纺帝国梦”，也为了“中国梦”，杨秋良不盲从于当时混乱的加盟市场，坚持“科技改变生活”的理念。于是，他花大力气到处拜访名师；更是投入了巨资引进先进的管理理念，以及专业的系统，完成了欧林雅从“生活品质”向“品质生活”的华丽升级。

而今，品质已然成为了欧林雅的标志！提及欧林雅，人们只有一个字：赞！

纵然服饰市场“万花齐放”，欧林雅依旧步步为营，打下自己坚实的基础，用产品描绘，用质量说话，开创出一片属于自己的蓝天。欧林雅的自信源自何处——高品质。

提及欧林雅，就意味着环保、健康、舒适。这就是大众对欧林雅品质最直接的认同！

如此的品牌认可，如此卓越的品质，让人信得过的质量，让人舒适的感觉，让人动心的美丽，欧林雅怎么会让人忘怀？

这样的欧林雅，人们会很安心，每个使用欧林雅产品的人，心中同时延伸着一个绿色的梦……

Preface

自序 / 杨秋良

“千磨万击还坚劲，任尔东西南北风。”

在写这篇序言之前，我先借郑板桥先生的这句话表达一下我做企业的态度。坦白地说，我是一个有野心的人，从第一天做欧林雅的时候，我就希望能把欧林雅做成一个像 LOUIS VUITTON 那样可以传承百年甚至更久的企业。而创业之前的研究和经验告诉我：要做到这一点，唯一的途径是保证产品质量，坚持高品质的企业文化。

从欧林雅创建开始，我没有把目标瞄准那些光芒万丈的“高大上”企业，因为我知道，那离我还很遥远，我们是小企业，我们才开始创业，我们要做的和能做的就是扎实打好自己的基础，所以从最开始我就一直告诉自己、告诉所有欧林雅人：只有做出最好的产品，并坚持做最好的产品，我们才能谈以后，才能向往美好的未来。

有人说做百年企业靠的是文化，也有人说做百年企业靠的是制度、是流程，也许他们说的都对，可是我还是相信做企业最终靠的还是产品的质量、企业的品质。所以这几年的时间，我们没有费尽心思去编造属于欧林雅的令人肝肠寸断的故事，也没有倾全力去引进和打造国际流行的管理体系，我们一直在做也只做一件事——仔细研究竹纤维的特性，开发让消费者感觉更舒适更贴心的服饰产品。我们所做的一切宣传、服务、管理、流程，一切的一切都是围绕“创造全新高品位生活”这个企业愿景而进行。

为解决“起球”的行业通病，我们奔前跑后，寻找相关机构，花费巨资，耗时两百多个日日夜夜；为了弥补自己的错误，我们敢于回收并销毁100多万条问题毛巾……我们一直在默默地做着许多同行不以为然甚至不屑一顾的事情，只因为我们希望老百姓真的可以因为使用欧林雅的产品而改善自己的生活品质，至于我们自己的利益，我深信水到渠成，我们的真心也必然会获得消费者的认同。

我们都知道中国连锁加盟行业的大环境是什么样子的：大部分的加盟都是秉着“给钱就能加盟”，加盟商经营没有系统、利益没有保障。欧林雅在这样的大环境下，依然选择了加盟模式来发展，因为我们相信凭着自己的品质，能开辟一条不一样的加盟之路，因为我们敢做到“不是给钱就能加盟”、“不是收了加盟费就万事大吉”。经过几年的摸索和总结，欧林雅也终于开发出了一套让加盟商可以信任的独特加盟系统——“一条龙呵护”。

我是一个有野心的人，但我从来不是一个自私的人，我不知道按照我的做法能不能真的把欧林雅做成一个可以传承百年的企业，但是所有的迹象表明：我们走在正确的路上。这也是我今天敢于把欧林雅的一切拿出来和大家分享的底气所在，我也真心希望能有朋友和我一起坚持走这条目前看起来貌似还算正确的路。

最后，感恩所有欧林雅的认同者、所有欧林雅的合作伙伴，以及所有关心和支持欧林雅的人，我们会一如既往努力让自己走在正确的路上，谢谢大家！

目录

03 品质之专，源自高标准严操作

欧林雅品质宣言

我是欧林雅的守护者

品质是我的生命

我要用生命去捍卫

我保证

客户的满意

符合标准

每项工作零缺陷

第一章 品质之质，企业永恒的生命

Chapter 1

质量是立业之本，兴业之源。严把质量关，精心呵护企业的生命线，是每个欧林雅人的使命。

定位湘竹，选材制胜

2005年年初的一天，我正在家里吃晚饭，突然接到了老同学傅泽星的电话。电话那端传来老傅无法抑制的兴奋之情："老杨，竹纤维！竹纤维！我们一起将这项事业做起来吧！"我完全被他的话搞懵了，回问他："老傅，什么竹纤维，你慢慢说，怎么回事？"

老傅迫不及待地告诉我："前段时间，我在广交会上发现了一件神奇的事，一个美国展位的工作人员随手用一块毛巾去擦桌上的牛奶、红酒残渍，很奇怪，他将毛巾放在清水中轻轻一洗，毛巾上的污渍就彻底洗掉了，像新的一样。最让我惊讶的是，水盆中没有放任何洗洁精，我马上感觉到这是个好东西，就去问工作人员，得知这种毛巾是一种竹纤维产品。在欧美的家庭中已经非常普及，只是在中国还不多见。"我听后也觉得很神奇，追问他什么是竹纤维。

老傅说自从他回来之后就开始搜集竹纤维的资料。竹纤维作为一种再生植物纤维，从20世纪60年代就已经被引入国内。相对于日益被农药侵蚀的棉花，竹子有着数千年的文化底蕴，其成长过程绝对天然环保。与传统的棉纤维相比，竹纤维透气、吸汗性更强，让人感觉更为舒适。因此，竹纤维作为环保的服饰材料，承载了更为深刻的文化内涵。

听了老傅的讲解，我觉得他的决定是对的，于是约了他共同考察竹纤维产品。在之后的几个月内，我们先是全面综合地了解了竹纤维在国际上的发展状况，又考察了国内竹纤维市场的状况。

当时，中国真正能将竹纤维产品品牌化、规模化的企业不超过五家。市场更是混乱，鱼龙混杂，让人难辨真伪：以次充好的原材料、毫无章法的加工生产过程、模糊不清的产品标准以及无法实现的竹纤维测量标准……进行了仔细的研究以及周密的市场调查之后，我们除了痛心，更是下定决心：**做健康品质生活的引导者！做行业标准的领头人！**

立定志向，我们开始了长途跋涉，进行第一步工作：选竹！

茫茫神州大地，到处都有竹子的身影，但是我们要寻找的竹子必须是纯天然的、成规模的、质量最好的。遍寻各地，我们的脚步停在了湘江之畔。

甘甜的湘江之水，不仅孕育了无数的名人翘楚，还造就了中国最丰富的竹类资源。连绵不绝的山峰，提供了竹子最适宜的成长土壤；充足的日照和雨水，养育了“谦谦君子”的最佳品质。

我和老傅站在翠绿的湘竹间，呼吸着竹林里清新的空气，思路也更加清晰。

“跑了这么多地方，还是楠竹最好啊！”老傅感叹道。

“是啊！我们就从这里做起，打开中国竹纤维市场！”面对生机盎然的竹子，我信心百倍地答道。

说干就干，2006年6月，欧林雅服饰有限责任公司正式成立，公司地址就定在了离湘竹最近的长沙。

从公司诞生一直到现在，我们不改初衷，从竹林的选择，到竹子的年龄和质量，都严格把关。我们要让每一个使用欧林雅产品的人，都能感受到纯天然、原生态的高品位生活。我们深知：**想要企业做大做强，第一是品质，第二是品质，第三还是品质！高品质才能保障企业的长久，才能创造中国生态竹纺帝国的奇迹！**

产品瑕疵“零容忍”

2007年1月，欧林雅在半年时间内，加盟商就达到了30家。此时的欧林雅正在快速地发展，每个欧林雅人都处于喜悦的心情当中。但是，“一条问题毛巾”却给激情万丈的欧林雅人泼了一桶冷水。

早上，我刚进走廊，发现客服经理钟艳霞迫不及待地在办公室门口等着我：“杨总，最近客服部门连续接到客户的投诉电话，投诉的是公司最近新推出的一款玫红色毛巾。尤其昨天和今天，集中接到了多次投诉电话，我猜测，可能是这款产品出现了质量问题。”

我当即追问：“客户投诉的问题集中在什么地方？你们是否已经根据客户的投诉进行过检查？”

小钟告诉我：“很多消费者反映，咱们刚刚上市不久的一款玫红色毛巾，出现了严重的褪色问题。我们根据消费者的反馈意见，把库房里剩余的一些货品拿出来做了实验，发现确实存在这样的问题。”

听完小钟的报告，我立刻想起了那款玫红色的毛巾。这是一款年初推出的新式毛巾，因为颜色艳丽、手感舒适，刚一上市，就受到了加盟商和消费者的喜爱。上市之初，这款毛巾的销售势头非常好，没多久就有很多加盟商要求加货，所以，我们的库房存储量非常充足。就在前不久的会议上，生产部门的负责人还在要求加大生产力度。

听完小钟的话，我立即给生产部总监打电话，要暂时停止这款新品的生产，然后集合了主要部门领导，要求他们一个环节一个环节地向下查，务必在最短的时间内查出褪色的原因。经过各部门的研究比对，最终得出结论，是染料的工艺出现了问题，导致这款毛巾的部分产品褪色。

其实毛巾对每个家庭来说都是快消品，一旦发现质量有问题，基本都拿来做抹布用，根本没有人会想到退货或者换货。但是对欧林雅来说，这是不可原谅的质量问题。欧林雅做的是竹纤维毛巾，不是抹布，出现这种情况，必须

欧林雅成长手记

任何企业，只要有了质量保障，就会拥有不竭的生命力。

质量是客户信任企业的基础，是诚信社会的最终选择。以质为本，才能实现企业腾飞，才能基业长青。

采取措施。在商海沉浮多年，我深知面对质量问题，不能心存侥幸，“千里之堤毁于蚁穴”，**只要关系到产品质量，再小的问题都是大问题**。

我当机立断全面回收这批毛巾，同时针对已经购买了这批产品的消费者，给予无条件退款，或者到当地专卖店换取任意一款毛巾。

决定一出，立刻掀起了自欧林雅成立以来最大的“风浪”。当时的欧林雅刚刚成立半年多，虽然说发展速度非常快，但毕竟还是一家小企业，而要召回的毛巾数量非常庞大，财务经过统计以后回复我，要召回的毛巾数量大概有100多万条！如果坚持召回，损失的不仅仅是成本费用，还有退换毛巾的费用。一旦损失如此庞大的资金，欧林雅很可能会“伤筋动骨”。

因此，当时的中层管理者一致建议我开展促销活动。即使一条毛巾只卖一块钱，长沙消耗100万条如此“便宜”的毛巾只需要两三天的时间，这样我们至少能收回100万元资金。

说实在话，我当时确实心动过：对于一个刚刚创办不久的企业，能“补回”100万资金的确是一个极大的诱惑。

回到家中，我躺在床上，怎么也睡不着。在这时，我的脑海里忽然想到了发生在海尔集团的那个著名的“砸冰箱”事件。

青岛海尔电冰箱总厂在1985年从德国引进了世界一流的冰箱生产线，但是在一年之后，却有一些客户反映，他们所使用的海尔冰箱存在质量问题。海尔公司迅速给这批客户进行了换货，随后对全厂冰箱进行了一次质量大检查，发现库存的400台冰箱中有76台存在质量问题。时任厂长的张瑞敏将全体员工召集到库房开会，研究如何处理这些问题冰箱。

当时有些员工表示，这76台冰箱的制冷功能没有问题，只是外观有划痕，不影响使用，不如便宜点儿处理给内部员工得了。要知道，在20世纪80年代，冰箱可是稀缺性商品。但是张瑞敏依然坚持自己的观点，并提出“有缺陷的产品就是不合格产品”，宣布把所有不合格冰箱全部砸掉，随即抡起大锤亲手砸下了第一锤。

如今的海尔集团早已不再是当年亏空147万的小厂，而是国内家电业的巨擘，可以说，正是张瑞敏的那一锤，为海尔品牌砸出了一个时代。

在静谧的夜里，张瑞敏的那一锤也彻底砸醒了我，作为一个企业的领导者，怎么能被眼前的蝇头小利所麻痹？企业要走得远，作为企业的管理者就必须站得高：100万现金固然诱人，但只是短期利益；企业的产品质量问题关乎的是企业的未来，决定着我们是跟随着市场成长，还是被市场淘汰。想到这里，我更坚定了自己的想法。

那一晚，我彻夜未眠。看着屋外的天空由黑渐渐变亮，内心也从彷徨不安渐渐回归平静：拒绝促销，坚决回收！我不能因为这100万，让欧林雅背上“劣质产品”的标签。

第二天，我就把这批价值数百万元的毛巾，用车拉到长沙的郊外，当着全体员工的面烧掉了。所谓“真金不怕火炼”，这一把火烧掉了价值百万元的产品，却点燃了欧林雅品牌的生命火种。

没过多久，这件事传到了加盟商那里，很多消费者也通过各种渠道知道了这件事，他们非常钦佩欧林雅人的魄力和胆识。要知道，欧林雅当时刚刚创业不久，在竹纤维市场立足未稳，一个小企业敢于这样做，是冒着极大的风险的。幸运的是，正是这把火，让欧林雅今天创造出几个亿的销售额。

如今，“毛巾事件”已经成为欧林雅注重品质的一个著名案例，一次接受杂志采访，又提起当年的旧事，我动情地说：“现在，我要感谢当年遇到的这些问题，这些问题让我吃了亏、摔了跤，也长了教训。正是当年的那把大火，烧出了欧林雅的ERP-T8分销系统、OA办公系统、财务管理系统、CRM客户管理系统、HR人事管理系统、WMS出库系统、VIP会员管理系统、供应链采购系统的全方位提升，烧出了一个对品质追求更加执着的欧林雅。”

一个企业的发展，取决于企业内外的方方面面，每一个环节都至关重要，最重要的、最基本的就是产品的质量问题。

而今随着市场的发展，营销方式也在不断变化，从最早的传统营销方式，到互联网的介入，产品质量依然是企业生命力的保证。正像经营之神松下幸之助说的：“对产品质量来说，不是100分就是0分。”欧林雅要想走得远，就必须抓紧、抓牢、抓稳产品质量，始终走在100分的路上。

严格生产，追求“零缺陷”

在欧林雅，经常会碰到一些突发事件，从容应对，我们从未跨越品质这条底线。

去年的一天傍晚，公司已经下班了，我正在整理办公桌，市场部的小黄忽然小跑着闯入我的办公室：“杨总，公司刚刚接到一个加急订单，江苏的加盟商老王想要 2000 条夏凉被，要求 10 天之内收到货。可是我刚问过库房，夏凉被的库存不多了，只够一半的订货量。我又问了生产车间，7 天之内能不能赶出 1000 条夏凉被，车间主任说只能生产出 600 条。杨总，这个订单如果接了，我们不能按时完成的话会影响欧林雅的信誉。可是，不接这个订单的话，也会影响欧林雅的信誉。您看这事该怎么处理？”

听了他的汇报，看着他焦急的样子，我也感觉到了事态的紧迫。发来这个加急订单的老王，是欧林雅的老客户，和公司合作多年。夏凉被属于季节性产品，他应该清楚我们的库存量。这次突然发来加急订单，可见他面对的也是极为重要的客户。我略作思考后，决定：客户至上，抢工生产！

决定接下这个订单之后，我马上召集公司中高层到办公室开会，已经下班的经理们也被我用电话一个一个地叫了回来。

我直接宣布："情况紧急，各部门要无条件配合这批夏凉被的生产！"各部门经理都表示会全力配合，并等待着我的进一步部署。

我看到大家的决心，很是欣慰，于是信心十足地分派具体工作："在抢时间的同时，不可降低质量。质检部注意，今天分出两个小组，第一小组马上筛选出1000条夏凉被所需的竹纤维纱线，纱线质量、规格、性能等都要进行严格检验、审查，不可以次充好；第二小组在生产的过程中全程监督，工人必须严格按照操作手册进行生产加工。在产品生产出来之后，采购经理和副经理轮流检查入库产品，每一件产品都要检查，即使时间紧迫，也绝不能

欧林雅成长手记

一个企业品质的好坏取决于产品质量和服务，质量是基础，必须要做好，没有任何商量的余地。任何一件有瑕疵的产品都会危及企业生命。所以，产品必须做到"零缺陷"，绝不容忍不合格的产品流入市场。

出现任何差池。”

此时有人提出：“杨总，即使我们加班加点，7天之内也生产不出1000条夏凉被。现在既然是特殊情况，就应该特殊对待，我们可以省去一些看起来‘不必要’的流程，这样就能按时交货。”

我一口否决了这个建议：“质量问题我们坚决不能马虎。但是，客观事实摆在眼前，时间太紧，而我们必须满足客户需求。”

说到这，我沉思了一会儿，随即决定：“停止第一车间其他产品的加工，开通全部流水线加工这批夏凉被。”

“杨总，这一停产，会有多少损失，您算过吗？”

“杨总，您再慎重考虑一下吧！”

“杨总，……”

我知道大家劝阻都是为欧林雅考虑，但是权衡利弊还是决定全线生产：**欧林雅的信誉永远是第一位！**

我语重心长地对大家说：“产品质量才是企业的无价之宝。欧林雅的产品质量，就是欧林雅的生命之源！”

于是，休假的员工被电话急召而回，全部到位投入生产。质检人员根本没时间下流水线缓口气，只能捧着盒饭来回巡查，而一线工人则三班倒，日夜不停。经过几天的奋战，我们终于在规定的时间完成了这批产品，并且全部合格！

事后，客户感激地对我说：“杨总，谢谢您！在这么短的时间内提供出了如此高质量的产品，为我解决了一个大难题。欧林雅的服务让我放心，欧林雅的品质更让我放心，我认定欧林雅了！”

一个企业品质的好坏取决于产品质量和服务，其中，质量是基础，必须要做好，没有任何商量的余地。所以，欧林雅对质量问题的严苛要求，让同行业的人直呼吃不消，但是我们却一直坚持了下来。**产品必须做到“零缺陷”，绝不容忍不合格的产品流入市场，这是欧林雅对自己的要求，更是欧林雅对用户、对社会的交代**。

永远走在行业前端

2010年年底，一位四川客户从网上看到了有关竹纤维的介绍，感觉相关产品非常具有市场前景。他从网上查阅了大量相关信息，经过慎重考虑，选择了欧林雅。并且，本着“耳听为虚，眼见为实”的原则，他第二天便从成都赶到了欧林雅长沙总部考察。

这位客户早上从长沙火车站直接来到公司，路上一分钟都没耽搁。到了欧林雅，他不仅仔细倾听市场部人员对于竹纤维产品的介绍，更是意犹未尽地到材料供应处，察看那一捆捆还绿油油的竹子是否真的和我们描述的一样……

一系列的参观和考察下来，他对生态竹纺产品的兴趣更浓了。但是，出于谨慎的原则，他并没有当场决定加盟。只是在临走的时候，购买了几双欧林雅的袜子。

这个客户回去没几天，打电话到公司前台，说想直接和我通话，提一些专业方面的意见。我连忙让秘书将电话转了进来。

电话刚刚接通，那边的川话就传了过来："杨总，我拿了你们的产品回去，想找专门的检测机构来检测一下，看看欧林雅介绍的内容是不是属实。但是通过打听才知道，国家目前并没有专门检测竹纤维产品的机构，甚至都没有针对竹纤维产品的检测标准。"

"是的，因为竹纤维行业尚未成熟，国家目前确实没有出台这方面的标准，这也恰恰证明了它是朝阳行业。虽然没有国家标准，但是您也参观了，欧林雅有自己完善而严谨的检测系统，产品质量绝对可靠。"

话筒那边的声音沉默了一会儿，才又响起来："杨总，您说的不错，但是对于像我这样谨慎投资的人来说，没有标准，我就不敢确定是否加盟欧林雅，因为心里总感觉没有质量认证，产品就没有保障。我还是决定暂缓加盟的事情，非常感谢欧林雅在长沙给予我的热情招待。但是，杨总，我真的看好竹纤维行业，也真心希望国家尽早出台相关标准，至少能给我吃一颗定心丸。"

挂断电话之后，我对他的真诚感动万分：如此真诚的客户正是欧林雅前进的动力，即使暂时不能加盟，但依旧表达了最真实的感受和最直接的意见。但是，这番谈话也让我感到了一丝焦虑：因为国家没有竹纤维的检测标准，欧林雅的质量被怀疑了！

客户提出的这个问题，确实是目前竹纤维行业的一个难点：现在检验竹纤维产品的权威机构是天津纺织纤维检验所，因为作为新兴的产业，竹纤维行业没有检测标准，目前检验竹纤维产品还是按照棉纤维的标准来检验。最终检验出的结果，也只能证明这件产品是否符合棉纤维的生产标准，所以现在竹纤维产品上面标的是一个笼统的词汇：粘胶纤维。粘胶纤维是非常书面化的专业名词，而且它所包含的范围很大，根本不是针对竹纤维！

一个企业最重要的品质是什么？答案是质量！

但是，现在欧林雅的产品却因为大环境的问题被怀疑没有质量保障，我除了痛心更是焦虑，思考着怎么解决这一问题。

一根根的香烟在我的浑然不觉中渐渐燃烧殆尽，我却理不出丝毫头绪。技术部经理杨娟拿着一份文件找我签字，一推门，被我办公室的烟味熏得直咳嗽。

“杨总，在这样的环境里发呆，您不难受啊？”

“抱歉，”被“惊醒”的我，赶紧开窗，“没有专业的国家标准，顾客不信任我们怎么办？”

小杨边进来边随口答道：“那我们自己做出国家标准。”

她无意识的一句话，却点醒了我。

没有国家标准，我们就自己做出国家标准！

在商界流传的老话，“三流企业做产品，二流企业做品牌，一流企业做标准”，欧林雅从创建的那天起，目标就是要成为竹纤维行业的“一流企业”，我们对产品品质的要求无疑是业内最严苛的。既然如此，我们理应为这个行业建立标准，这样既能提升企业，也能提升大行业的整体水平。

于是，我叫上还在我办公室里等签字的小杨一起到会议室，并通知公司全部管理人员到位，将这个想法告诉他们。在会上，大家展开了激烈的讨论，有的人认为非常有必要，有的人则表达出了担心。

公司从创业以来一直在稳步发展，到 2010 年欧林雅销售体系创造了几个亿的销售额，专卖店也近 800 家，但越是在这个时候越是应该稳扎稳打。对一家仅有五年历史的企业来说，如此快速发展，如何让企业保持赢利才是最重要的。如果要做行业标准，就需要投入大量的人力、财力和时间，任何标准的确立都不是三五年内可以完成的，这样的大项目将会让欧林雅背上沉重的包袱。总之，大家就是觉得做这件事很有必要，但现在做有点儿为时尚早。

在听取了大家的意见之后，我依旧坚持自己的观点：欧林雅要成为一流的企业，并不仅是在竹纤维行业，因为我们的目标是做“中国竹纤维服饰第一品牌”。要完成这个目标，我们在提升欧林雅的同时，也要提升竹纤维行业，要提升这个行业，就必须制定行业检测标准。一个行业总要有一家企业出来做这件事，既然这样，我们就责无旁贷地担起责任，用我们的高品质为行业树立高标准，同时用这个高标准来严格要求自己。

欧林雅要做一流企业，要生产高品质的产品，就要从制定检测标准开始。现在中国的高科技产品，多数都用国外标准检测，为什么？因为发达国家在发展的过程中有意识地制定标准，只有制定了标准，才能成为行业标杆，所以我们必须制定竹纤维行业的各项标准。能够证明我们的产品是一流的，最简单的方法，就是行业的检测标准是我们制定的！

我的观点得到了大家的认同。做出竹纤维行业的检测标准也就成了一件刻不容缓的事情，在确定了这件事之后，我们在会上立即拟定出了一份名单，成立欧林雅制定检测标准项目的团队。这件事由我亲自牵头，公司中高层和产品部门主要负责人都参与进来。第二天，我和老傅、旷国章亲自去拜访了中南林业科技大学的相关专家、学者，就这件事进行了咨询。随后又专门拜访了中南林业科技大学的周先雁校长、科学技术处何功秀科长等主管领导，就合作事宜展开进一步洽谈。

2011年3月，我们正式启动了国家林业行业标准编制项目，和中南林业科技大学开展科研合作并申报国家林业局行业标准项目，着手进行《纺织用竹纤维鉴别试验方法》，这个项目很快就得到了国家林业局专项资金资助，这个事件作为热点新闻更是被中央电视台《新闻联播》栏目所报道。

有了上级主管部门的支持和帮助，我们的信心更足了。随即我们和中南林业科技大学组织相关专家成立了专项组，开始着手操作这个项目。整个项目着重填补竹纤维行业的一个空白，主要对竹纤维鉴别试验的原理、设备、试验环境、试样要求与准备、试验步骤、试验结果判断等进行操作规范。这个由最高主管部委批准发布的标准一旦出台，将成为全国竹纤维服饰领域统一使用的标准，这不但是我们欧林雅的荣耀，更是对欧林雅成绩的认可。

自经商以来，我始终坚信，一家企业要走在市场前面，就必须想在市场前面。我们不断重申，在欧林雅最重要的就是品质，关注品质，完善品质，提升品质。但我们的梦想不止于此，我们不仅要走在市场前面，更要用欧林雅的高品质去影响市场！

国家专利清洗企业“顽渍”

2008年的某天，一通电话打破了我办公室的平静。

“杨总，我们这次调整了一下纤维的比例，结果非常接近理想的效果了，你要不要来看看？”

“好，我马上过去。”

电话的另一端是欧林雅商品总监旷国章，但是现在他却不在公司，也不在车间，也不在各店进行市场调研，而是在中南林业科技大学实验室。为了解决行业的技术难题，2008年的很多日子，旷国章都是在大学实验室中度过的。

我放下电话，直奔停车场，平常30分钟的路程，这次仅仅用了20分钟就赶到了。我当时非常激动，说不清是紧张还是兴奋，要知道，实验室里破解的可是行业难题。

从竹纤维进入中国市场开始，就面临着“掉色严重”、“产品掉丝”等行业内普遍的问题。这是因为竹纤维材质本身造成的，竹纤维都是短纤维，长度不够，密集度也不高，因此较小的摩擦，就容易造成“起球”的现象。

在欧林雅成立前期，我没有太重视这个业内“顽疾”，因为当时公司只做家纺，基本不会涉及这些问题。后来，根据市场需求，从2008年开始，欧林雅开始涉足睡衣、内衣市场。由于竹纤维服饰相对传统原材料衣物更为柔软、舒适，所以欧林雅服饰一上市就受到了消费者的追捧。

欧林雅服饰进入市场之后，我率先选购了一些款式不同的睡衣带回了家。第二天，我挨家挨户将衣服送到亲朋好友那里，并且当面嘱咐他们：如果有任何情况或者问题，一定要第一时间告诉我。

亲朋好友都取笑我：“秋良，你这是拿我们做小白鼠啊？你的欧林雅可得做良心企业，否则第一批遭殃的人可是我们。”

我确定地回答：“没问题，我们的质量全部合乎标准。相信我，更要相信欧林雅。”

之后，还没等到我验收“实验成果”呢，旷国章就找到了我。

身为欧林雅商品总监，旷国章对于产品的关注度要远远高过他人。

据总经办的人讲，旷国章当时门还没进，就直接问道：“杨总在吗？”当得知我正在生产车间查看一线工作，他连办公室的门都没进，直接转身去生产车间。

当时欧林雅的家居服在市场上销售火爆，可谓供不应求。在生产车间库房中，看着刚入库、即将发向全国各地的衣服，内心的激动之情无以言表。

“杨总，您看这一批批的衣服，心里什么感觉？”

“自豪啊。”我随口答道。

旷国章却深深叹了一口气："我却感到头疼。"

我被他的说法吓了一跳："产品出什么问题了？"

旷国章显得颇为无奈地说："不是咱们的产品出什么问题了，而是整个竹纤维行业的老难题了。根据顾客反映，衣服在穿了几个月之后，就会出现起球现象。这是所有竹纤维服饰的通病。但是，长此以往，欧林雅的口碑必定大打折扣，昨天都有客户直接向我反映情况了，所以今天我心急火燎来找你商量对策。"

我深锁眉头，行业难题毕竟不同于企业弊病，一个只有几千万资产的欧林雅有能力应付如此高深的难题吗？说实话，我一点信心都没有，但这又是一个不得不面对的现实。

这时候，我想起了那批"小白鼠"，无论如何，先确定欧林雅的问题所在。于是，我一个一个电话拨过去，询问情况，"秋良，睡衣的确起球了。""是的，睡衣起球了，尤其是袖口、手肘那些摩擦较多的地方……"

旷国章见我打完电话低沉不语，继续说道："起球问题困扰了竹纤维很多年，行业内的人提及这个问题都头疼，甚至有人放言'只要是竹纤维产品，就没办法不起球，只有起球的衣服，才是真正的竹纤维制造。'这是行业的通病，更是业界难题。杨总，莫非我们真要让'起球'成为竹纤维的标志？"

当各种信息汇集到一起的时候，我明白如果不解决这个行业难题，欧林雅就难以在服饰行业立足。为了欧林雅的未来，也为了竹纤维行业，我们必须担起这个责任。哪怕欧林雅只有几千万的身家，我们也要放手一搏。

"当然不可以，欧林雅绝不允许这种情况发生！"我望着眼前的货物，像发誓般说出了自己的答案。

“我也不甘心。所有的难题都会有解决的办法。我们不能让技术缺陷阻碍欧林雅的前进。杨总，将这个任务交给我吧。”旷国章一脸坚定地对我说。

之后，经过公司高层研商，欧林雅决定和中南林业科技大学、湖南纺织学院等高校合作，借助竹纤维行业最顶尖的专业力量，凭借欧林雅破釜沉舟的勇气，在旷国章的带领下，我们开始了“攻关”行动。

……

我走进林业科技大学实验室的时候，身穿白大褂的技术人员正在仔细对比竹纤维混纺材料的比例。实验室内十几个研究员，有的仔细地记录着试验结果，有的全神贯注地盯着显微镜，有的小心翼翼地调配比例，包括带队的旷国章在内没有一个人注意到我。

这些辛勤的技术员让我非常感动，记录本上密密麻麻的记录结果是他们一次次实验的结果，技术每次提升一点点，都是他们花费了巨大心血得到的，正是他们不眠不休的奋斗，才奠定了欧林雅在行业内“领头军”的地位。

“成功了！这次的结果完全达到了理想的效果。”一声欢呼，旷国章冲过来紧紧地抱住了我。半年多的付出，200 多个日日夜夜的操劳，我们终于清洗掉了行业的“顽渍”！随后，我们将此技术申请专利，两年后，**这项技术喜获含金量最高的国家发明专利**。

曾经，很多人质疑欧林雅：“你们是一家企业，又不是科研机构，每年花费大量的科研经费图什么？在商言商，如果将如此大的一笔资金节省下来，投入生产，公司的效益岂不是更好？而且，欧林雅早已走在行业前端了，何苦还要一直坚持？还有，你们研发的东西有意义吗？你就是把大众请到研发现场来，他们也看不懂，听不明白，没人认可的东西，为什么还要开发它？”

每每听到这样的话语，我只是会心一笑。事实上，“质量”二字，我更注重“质”，而不会一味追求“量”，只有“质”提升了，“量”才有保障。

事实上，欧林雅从成立至今，一直致力于解决各种技术难题，**已经有31项技术获得了国家专利**。

欧林雅在研发过程中，投入了大量的人力、物力，这并不是每一家企业都乐于付出的。但是，欧林雅收获了极大的成果：现在国家检测竹纤维的标准，就是欧林雅率先研发出来的，而后推广到了整个行业。

凭借着过硬的技术，欧林雅早已成为了行业的标杆。消费者选择了欧林雅，就不会再选用其他品牌，这本身就是对欧林雅的认可，是对欧林雅最大的褒奖。

科技改变生活，这是我一直强调的观点。借助科技的力量，打造高品质，引领竹纤维行业的进步，这是欧林雅不变的心声。

健康舒适是欧林雅的主旨

某天下班的时候，在电梯里，一位市场部的员工问我："杨总，现在一些电视、网站都宣传，竹纤维可以极大程度改善人的身体状况，譬如容易疲劳、高血压之类的常见病症，用竹纤维产品就能得到有效缓解。而且，还说竹纤维的抗菌能力可一直持续，永不消退。您为什么不允许我们这样宣传，每次咱们欧林雅的主题都是'健康、舒适'，没有让人眼前一亮的效果。"

我严肃回答道："我们拒绝不真实的宣传，竹纤维不能改变人的身体状况。另外，竹纤维的抗菌能力不可能永不消退，只是相对其他材料持续的时间更长，效果更好。至于电视或者网站的这些说法是某些商家夸大的宣传，欧林雅不需要。我们要的是真实感受，不是夸张后的效果。"

听完我的话，这个员工显得很郁闷："如果欧林雅也这样宣传的话，我敢保证，我们市场部的业绩会翻番的。而且，就现在的市场情况而言，大众对竹纤维不是很了解，在这种情况下，如果加大竹纤维的功效宣传，譬如长期穿竹纤维的睡衣，不仅可以改善睡眠质量，更能影响人的身体状况。如此一来，顾客肯定购买。”

我认真地回答道：“你是做市场的，定位一定要找好，欧林雅做的是服饰，不是包治百病的圣衣，它仅仅是一件衣服，健康、舒适才是它的主旨。作为欧林雅人，绝对不可以为了个人业绩而伤及公司口碑。”

那位员工笑了：“我知道，我们部门明令禁止这种行为，这只是我自己的疑问，提出来问问您。”

电梯到了一层，我却没有出去，转身按了上升键，回到办公室，制定出了“坚决杜绝虚假宣传”的条令下发到公司各个部门。

竹纤维服饰舒适健康，的确可以改善身体某些状况，例如提升人们的睡眠质量等，但是绝对不可能治愈疾病，一件衣服怎么会有药物的疗效呢？诚信、健康、舒适是欧林雅一直不变的追求，坚决抵制欺诈言论和行为。

欧林雅服饰虽然不能改善身体状况，却能左右消费者的感觉。每一个用过欧林雅产品的人，都会对它的舒适有切实的感觉，对它的质量有最真实的体会。欧林雅能有今天的成绩，靠的是消费者的口碑，而不是夸大的宣传效果。

这并不是第一次有人咨询我“竹纤维是否可以改善身体状况”的问题。随着时代的进步，人们对穿衣质量的要求越来越高，竹纤维逐渐走进了大众的视野，融入了百姓的生活之中。但是，由于平时接触较少，大众对竹纤维的认知不全面，仅仅听到竹纤维有某种功效，就直接购买了。

因此，在宣传方面，有很多人劝我，效仿其他竹纺企业，将宣传效果最大化，将产品稍微“神”化，继而在最短的时间迎合大众的猎奇心理，获得最大化的利益。但是，无论是谁的游说，我都一一否决了。因为，我要的不是“一锤子”买卖，我要的是欧林雅持续发展；我不要打一枪换一个地方，我做的是中国的生态竹纺事业。

面对竹纺行业混乱的环境，很多人都担心：“杨总，你不害怕现在这种铺天盖地的夸大宣传，会将敢说实话的欧林雅打垮吗？”

我信心百倍地回答：“不害怕。这个社会每天都有无数的企业倒下，其中很多就是败在了没有实打实的产品。仅凭浮夸的宣传，怎么会长久？欧林雅有高品质的产品，有一流的服务，更有着永远进取的精神，我们相信欧林雅的明天会更好。对于企业生存的大环境，现在我们虽然无力改变，但是，只要做最好的竹纤维产品，不改初衷，时间久了，自然会在潜移默化中影响大环境，净化整个竹纤维市场，这也是我们努力的大方向。”

所以，欧林雅从不允许“神化”自己。我们要的是真实的宣传、顾客最直接的感受，凭借产品的质量，赢得客户的口碑。

在欧林雅企业内刊《雅致生活》上记载了这样一个真实的故事：一位年轻的妈妈是欧林雅的老顾客了，某天她正在欧林雅店里选购商品的时候，正好遇到了一位记者。在得知她非常钟情欧林雅品牌的时候，记者问她原因。

这位年轻的妈妈回答说，她刚当妈妈不久，怕用普通毛巾会伤害宝宝的皮肤。在此之前，也买过其他牌子的竹纺毛巾，但是在使用过程中，发现欧林雅的竹纤维毛巾手感特别舒服，摸起来轻爽舒柔，并且，宝宝使用过后不过敏。从此之后，她就一直选用欧林雅毛巾。

这就是对竹纤维产品最大的肯定，更是对欧林雅最大的激励。我们做的是服饰行业，健康、舒适才是永恒的主题。浮夸的宣传固然可以使欧林雅瞬间名扬天下，但是更容易导致“陨星”突然降落，这是我们坚决避免的局面。所以，一直以来，我们对质量不敢有丝毫懈怠。

做有良心的企业，是我们不变的初衷。美国气象学家爱德华·诺顿·罗伦兹曾经提出：“一个蝴蝶在巴西轻拍翅膀，可以导致一个月后得克萨斯州的一场龙卷风。”这就是著名的“蝴蝶效应”。我希望欧林雅是服装行业的“蝴蝶”，振翅一扇，继而引起中国的竹纺服饰行业环境的改变，我相信会有那么一天。

第二章 品质之品，服务口碑成就辉煌

Chapter 2

服务，企业制胜的法宝。欧林雅的服务，从客户的角度出发，维护客户的一切利益，凭借真诚、真切，赢得消费者的信赖，为企业品质加分。

欧林雅：不是给钱就能加盟！

2008年8月的某个周一早上，我正在办公室为例会做准备，办公室的门被推开了。老傅一脸凝重地走了进来："秋良，今早由于我的车要保养，等司机来接，时间又显得有些紧，于是，我就赶了一把潮流，和别人一起'拼车'到的公司。"说到这里，他停顿了一下，看了一下手表，因为这时离例会的召开仅差几分钟。

我明白老傅接下来的话肯定很重要，光是那凝重的表情我就很久没看到了。于是，我拨电话给秘书室，让他们将会议延后一个小时。

老傅坐了下来，继续说道："和我拼车的一个人在电视上看到养殖加盟的广告，就从农村来到长沙，考察养殖加盟。另外一个人是他的老乡，一直在长沙打工。我们正好顺路，他们为了省钱，我为了赶时间，于是坐了一辆车。在出租车上，他们两个人的谈话引起了我的深思。"

我放了一杯水在老傅面前，静静地听他说下去："那个打工的同乡一路都在埋怨他的老乡，来之前没和他说清楚是去考察加盟店，否则一定不会让他来。并且，还一直在劝他的老乡回家去，不要去那个加盟店考察了。他说所有的加盟店的本质就是'给钱就能加盟'。"

根据老傅的描述，这位打工的同乡以前也做过一段时间的加盟，但是交了加盟费之后，不仅公司承诺的技术支持没有到位，后期的产品也没有回收，所以他才又出门打工。而那位从农村出来的老乡，则坚持要去考察一下，因为自己来都来了，不去考察一下，不是白来了吗？于是，那位打工的同乡显得极为无奈地陪他走这一趟，说是怕他一个人受骗，言语中充满了对加盟店的不信任。

听到这里，我只是起身为老傅续了水，依旧没有插话，因为我明白老傅的重点还在后面。

"从去年开始，由于欧林雅的业绩一直不断上升，所以，当时我们找来各大区经理，鼓励优秀的加盟商，适当多开几家店，公司会给予返利等相应的支持，对吧？"

我点头不语，因为上周老傅去试点地区考察这项决定的实际情况，莫非这项决定出了问题？

果不其然，老傅凝重地说："很多加盟商的确又开了一两家店，也确实得到了我们在政策上的支持，但问题在于，有些加盟商新开的门店并不赢利。"

我急忙追问："那是什么原因呢？门店的问题？当地市场的问题？还是

我们的督导工作不到位？”因为我们设点的城市，都是经过调查和研究的，市场完全可以消化掉两三家欧林雅的门店。

老傅喝了一口水，回答道：“我具体走访了一下，当地市场的问题虽然有些突出，但更多的是我们的督导工作不到位。前期的培训流程走完以后，就任由这些门店自己去面对市场了，并没有一些具体的跟进工作。很多业务员只是为了业绩和任务，就去鼓动加盟商开店，也没有认真考察当地市场，在选址方面也没有花太多心思。”

“秋良，我还真怕欧林雅也掉进了‘给钱就能加盟’的加盟怪圈之中啊。”老傅最后总结性的话语让我们共同陷入了深思。

老傅下去调查回来的这些信息非常重要，为正在加快脚步发展的欧林雅敲响了警钟。事实上，去年年底有一段时间，欧林雅的门店数量有了成倍增加，从积极方面来说，企业的影响力得到了提升。年底总结的时候，我甚至专门讲了这个例子，认为这是公司的一项正确决策。但是，现在却出现了“加盟商不赚钱”的现象，这不得不让我们思量这项决策究竟哪里出了问题。

在之后的例会上，我和老傅共同要求各大区经理暂时放下手中工作，全部去基层调查这种情况是否普遍存在，并要求两天内将信息反馈回公司。

在之后的两天，各个地区的回馈信息基本都上来了：由于选址不当或者其他客观原因，有一部分“延伸”出来的加盟店的确不赢利，甚至有些加盟商因此丧失信心。

我又通过各种渠道，甚至亲自到基层去走访，了解了很多加盟商的意见和看法。重新梳理自己的思路，客户当然也认为开店是越多越好的，但前提是这些门店都是可以赢利的，就算不是每家店都能赢利，至少要不赔钱。欧林雅针对新开的门店，推出了一些政策，例如通过返利等来支持加盟商。但是对加盟商来说，这些都是短期行为。从长远的角度来看，加盟商看重的是我们能不能帮助他们赚钱，这才是真正的支持。

面对这样的信息，我紧锁眉头，坐在椅子上，手指无意识地敲着办公桌，考虑着怎么解决问题。

首先，我们必须让加盟商明白：**欧林雅并不是只要给钱就能加盟！**

其次，必须做好补救措施，让这些“延伸”出来的加盟店开始赢利。

最后，公司必须懂得以后怎么做，才能杜绝这种现象！

我们要让客户明白：“欧林雅不等同于那些给钱就能加盟的公司。”还要让客户知道，欧林雅胜于其他公司之处，**就在于给加盟商提供全方位的服务**。

欧林雅成长手记

一个企业产品再优秀，没有周全的服务，也只能让顾客望而止步；没有高品质的服务，企业产品也就缺乏市场的回馈信息，久而久之，企业只能故步自封。因此，高品质的服务，不仅仅赢得了众人的口碑，更关乎着企业的兴衰。

于是，我们展开了如下行动：

一、积极开展“店长培训”活动，提升加盟商的业务能力；

二、公司派出优秀的团队辅导那些不赢利的加盟店；

三、我们派出市场人员，全方位了解加盟商是否已经具备多店经营的能力，或者他是否真的做好了长期经营多家欧林雅加盟店的准备；

四、新开加盟店之前，各种前期的市场调查步骤绝不可以忽视，譬如地址不佳等因素要充分考虑，这样才能真正做到充分为加盟商考虑，为他们提供高品质服务。

欧林雅是一家以赢利为宗旨的企业，但是公司的赢利取决于加盟商的赢利。所以，我们不能让客户花冤枉钱，更不能让客户赔钱，凡是加盟欧林雅的客户，我们都会提供360度全方位服务。正如欧林雅的企业客户观：**一切以客户的成功为根本**。

事实上，对加盟商来说，开设多家店肯定是未来的一种趋势，这也是连锁行业的发展趋势，加盟连锁模式本就是要织成一张巨大的网。但问题在于，如果只考虑数量，而不考虑质量，那么多店经营就是弊大于利，企业不仅无法做大做强，反而会被拖垮。

早期的欧林雅能够迅猛发展，是因为我们可以用80%的精力去管理20%的加盟店。而发展到现在，我们需要用更多的精力去管理数倍以上的加盟店。欧林雅要给予客户的，不应该只是简单的支持，全方位服务是欧林雅的服务主旨。

“投诉”出来的选址标准

我一直信奉：一线出真知！

欧林雅从我开始，每位高层都有定期到各个分区乃至加盟店考察的习惯。我去安徽地区考察的时候，客服经理和大区经理汇报：一个刚刚加盟欧林雅半年多的安徽淮南客户，决定关闭自己的加盟店，以后不再做欧林雅的产品了。

这件事让我觉得很奇怪，一是这个客户加盟欧林雅的时间很短，二是这个客户所在的安徽淮南虽然不是一二线城市，但是欧林雅其他的几家店在当地做得都不错，欧林雅这个品牌在当地也算是有一定影响力。再者，虽然这几年欧林雅发展得很快，但是我们很少有客户经营不善，特别是出现这种“关门大吉”的情况。

于是，我叫住了客服经理钟艳霞，想听听其中的细节以及客户关店的真正原因。但是，客服经理说自己刚得到这样一个信息，公司还没来得及派出市场人员做调查。

这时，大区经理皱着眉头分析道："应该不是产品影响力的原因，如果是品牌影响力不足的地方，我们可以加大品牌的宣传，替客户开拓'外围市场'。但是，这方面的工作我们一直做得很好，当地市场对我们来说是成熟的。客户经营不善，应该是有其他原因的，必须要去现场调研一下。"

我回答："那就下去调研，我们要做好欧林雅，更要吸取失败的教训，客户既然选择了我们，我们就要为客户负责！"

另外，我还嘱咐大区经理，要他先稳住客户，然后尽快下去看一下到底出现了什么问题，有具体情况可以随时和我直接沟通。

大区经理亲自前往当地，在当地的市场人员的陪同下，一起到店里去查看问题究竟出在什么地方。很快，大区经理就打回电话，向我报告了问题所在。

在电话里，大区经理有些自责地说："对不起，杨总，是我们之前的工作不到位，之前附近就有一家欧林雅加盟店，两家店的距离太近了。并且，之前的欧林雅加盟店已经把这一块的市场经营得非常成熟，所以新的加盟店就很难开展工作，而且双方还存在恶意竞争，导致两家店最近的经营情况都不是很好。"

按照欧林雅公司的规定，同一地区不同加盟商的门店之间，不能少于500米。但是安徽淮南的这位客户新开的店，和之前的另一家欧林雅加盟店之间，相隔不到300米。距离这么近的两家欧林雅加盟店，形成了竞争关系。新开的这家店按照公司规定，有一定返利的支持，他开业的时候有酬宾折扣，影响了另一家店。另一家店也就打折扣，新店是七折，这边就打六五折。这样一来，两家店为了争取有限的客源，就打起了价格战。

我心里清楚，之所以会出现这种情况，和业务员的收入有着直接的关系。因为在连锁加盟模式中，业务员的薪酬和加盟店的数量成正比，要想获得丰厚的业绩提成，就要尽力促成客户加盟欧林雅。所以，很多业务员为了追求业绩，往往盲目促成客户加盟，却会忽视后期的服务跟进。

当我找到业务员了解情况的时候，很多业务员反映："杨总，有的时候我们也没有办法，很多小城市本来地方就不大，还要选择核心商业区，加盟店之间的距离容易近。两家店距离近肯定就会产生竞争，这样是不可避免的。"

这种观点无疑是大错特错的，长此以往，将对欧林雅的整体口碑造成极大的冲击。这种情况是必须要杜绝的。

我立刻对他们的这种观点予以严肃批评："一个再小的城市，它的商业区也有划分，这是我们的工作不到位，服务没有及时跟进，首先要自省。淮南市是安徽省的省辖市，位于长江三角洲腹地，是'长三角城市群'的成员城市，是合肥经济圈带动沿淮、辐射皖北的中心城市及门户。这样的一座城市，两家加盟店在它的核心商业区难道连 500 米的间隔都错不开吗？"

业务员听到我的话以后，低下了头，显然意识到了自己工作的失职。在每个加盟商找到欧林雅之后，我们都会在第一时间派出选址人员去考核这个加盟商所在的地区，如果真的是小地方，开设两家欧林雅加盟店肯定会拥挤，形成恶性竞争。但是在淮南这种省辖市，有一两个加盟商同时开店是很正常的事情，像淮南市这样的市场，也是完全有能力消化掉两三家欧林雅加盟店的。

大区经理在调查完原因之后，并没有直接回来，而是亲自带领随后而来的公司团队，为其中一家加盟店重新选址、进行开店辅导，并且还对两家店长进行了“店长培训”。对之前去负责这项业务的业务员，进行了严厉的处罚，并且在全公司通报批评，为全体欧林雅人敲响了警钟。

通过这件事情，我意识到，我们虽然总是说要为客户提供服务，但事实上这些服务并没有明确标准。对业务员的业绩考核标准，还停留在开始的阶段，没有真正去考察他们的结果，没有考察他们是否真的给了加盟店足够的支持。往常我总是担心在加盟商开店以后，督导不能给加盟商提供优质的服务，却忽略了在开店之前，我们的服务其实就已经开始了——如果开店之前的服务不到位，开店以后的服务就很难落实。

我在随后的会议上，几次强调：对于开店选址的相关事宜，要求各区域负责人员必须把好这道关。对选址的具体流程和要点都做了严格规定，并且和业务员的业绩挂钩，加盟店开设在什么地方，开店的区域具体有怎样的标准和条件要求，以及加盟店与加盟店之间的距离，都做了详细的规定。

现在的欧林雅强制执行选址新标准：**一家加盟店的选址工作必须经过多人确认，不仅选址的工作人员要签字确认，我们的区域人员要确认，签合同的业务人员也要确认**。

成功学讲“细节决定成败”，那么欧林雅就要求，任何的细节都不容有失。从这件事以后，欧林雅在选址方面都会非常认真负责，因为我们深刻认识到，这是一件关乎加盟商利益的事情，只有选好店址，后面的工作才能顺利展开。

俗话说得好，“万丈高楼平地起”，没有一块结实的好地，怎么能修建摩天大楼？我经常半开玩笑地说，为门店选址就像是相亲选对象，对象选得好，婚姻才能天长地久，才能美满和谐。

为店面“量身定做”的货源

广东的客户李元英，在去年订货会的时候，曾要求我们为她的区域提供一批素色三角内裤。因为欧林雅当时主要生产平角内裤，但是，李元英是广东人，她说：“在广东，天气炎热，所以人们并不习惯穿平角内裤。可能全国其他地区对平角内裤这类产品的需求量大，但是广东这个地区比较特殊，大家还是更喜欢三角内裤多一些。”

她提出的这个要求非常合理，欧林雅现在做的是全国市场。全国市场很大，很多时候必须要具体问题具体分析。就像我们做睡衣，北方消费者喜欢的款式和南方消费者喜欢的就有差别。

我认为李元英提出的要求很好，我告诉我们的区域经理：“我们需要更多像李元英这样的客户，因为她真的是站在公司的角度考虑问题，而且对市场是有研究的。对客户的特殊要求，我们就要特殊对待，我提议我们的商品部门启动一个新的开发流程，专门为客户订制这批货品。”

在接到李元英的订单以后，商品部门马上启动了一个新的开发流程。设计师根据客户的需求设计出了新的款型，做出工艺单，采购部门根据工艺单准备面料，选出合适的打版，打版以后进行评审试穿测试，确定是合格产品之后，把产品图片发给她，并寄去样品请她确认。

客户对样品确认满意，然后生产部门结合客户需求，很快就把这个产品生产出来，并发到客户手上。按照正常的流程，这个时间可能需要两个月，但当时我们“特事特办”，只用了一个星期左右的时间。

服务的品质体现在细节上，真正的品质就是要做到精益求精。欧林雅要把市场做大，就要学会雕琢细节，一个真正的大品牌，就是要越来越注重细节，而不是只关注总体格局，当细节做好了，总体格局自然就会得到提升。很多企业具有一定规模以后，就会宣扬要着眼于大的地方，而欧林雅不同，我时常告诉欧林雅的员工：企业和市场要越做越“大”，我们的产品和服务却要越做越“小”。

不管我们的企业和市场已经做得多大，客户永远是我们的基石，如果我们不能给予他们细微周到的服务，再大的企业和市场也不会做得长久。客户的需求永远是第一位的，因为客户的需求也就是企业和市场的真正需求。

用企业家的精神复制店长

我对“企业培训”的构思，远远早于“成立欧林雅”的蓝图。追溯起来，有这种念头主要是因为之前的经商经验。当时虽然感觉培训很重要，也零零散散进行过一些相关工作，却因为缺乏专业的学习和系统，总感觉不尽如人意。在欧林雅成立的时候，我意识到是时候解决这个问题了。

我从创建欧林雅之初就一直在思考，因为之前没有这方面的经验，所以一直没有找到合适的方法。但是，我没有灰心，依旧遍访“英雄”。终于，我看到了远大，那个理想中的“良师益友”。

远大公司是一家生产中央空调的企业，创业初期仅仅是靠 30 万元资金起步的小公司，从 1988 年成立，历经 20 年的风雨，到 2008 年销售额达 120 亿元，员工约有 2000 人，产品销往 60 多个国家，如此辉煌的成绩背后，肯定有一套独特的“培训”方式。

于是，在 2007 年，我组织公司高层到远大集团进行参观学习。

在远大集团相关领导的陪同下，我们依次参观了远大的办公楼、生产车间、装载车间和监控中心，对远大的发展历史、管理体制、经营方法等有了更深层次的了解。同时，更是被远大集团自己独特、完整的教育培训体系所折服。甚至，在同年，远大集团还成立了远大工程学院。如此魄力和远见，深深地刻入了我们的心里。

这次远大之行，是我心灵上的一次“震撼之旅”。它让我深刻认识到，必须不断提升并完善我们的管理理念、管理模式与管理机制。而且，正是通过对远大集团和海尔集团的参观学习，让我深刻领悟到，所有的管理都必须自上而下，要深入到基层。以前我们总是说“不想当将军的士兵不是好士兵”，却又给终端销售者植入“士兵思维”，这样，士兵永远是士兵。

在回到欧林雅之后，我们趁热打铁，召开了大企业参观学习的总结会。

会议开始，提及学习经验时，我说：“我们要创建属于欧林雅的培训机制，而这个培训机制遵循的四点培训原则是必须要明确的：

第一、欧林雅培训体系的建设，要符合企业的现状和发展战略的要求，为企业培训出符合企业发展战略的人才；

第二、欧林雅培训体系的建设，不仅要承担培训部门或者培训管理员的工作，更要承担培训体系中的任何一项工作，每一项工作都必须上下达成共识，全员参与为每个欧林雅人服务。公司会根据时间要求、职责范围等各种具体情况适时安排，要求每个和欧林雅息息相关的人都加入到培训体系中来；

第三、企业要生存，必须适应不断变化的外部环境。这就要求企业的培训体系必须是一个动态、开放的系统，而不是固定不变的；

第四、一个有效的培训体系必须保证企业的员工在不同的岗位都能接受到相应的训练，这就要求培训体系的建设必须保持纵横两个方向的平衡。”

会后，我对培训部门的负责人着重强调，我希望能够建立一个专门为欧林雅培训各类人才的机构，和其他公司培训机构的不同之处在于，我们不只针对总部员工，也针对加盟商，尤其是各加盟店的店长。

我告诉他们：“店长就是企业家，我们要的就是有企业家精神的人，欧林雅的目标就是用企业家精神来复制店长。”**我们要培训出的店长，不是有着士兵气质的店长，而是有企业家胸怀的店长**。

2008 年 1 月，在我的主导下成立了“欧林雅商学院”，致力于打造连锁企业教育典范，培养专业与素质双标杆的卓越人才，推动欧林雅事业“持续赢利，基业长青”。

和很多采用连锁加盟模式的企业不同，欧林雅的店长培训模式管理中，运营总部和店长之间实行责任式管理，门店的大小事务均由店长负责，店长被定位为经营者，和通常一家企业的独立经营者一样。在最初决定采用这种模式的时候，很多管理层显示出了他们的担忧：“如果每个加盟店的店长都具有了企业家的思维，并且成功通过欧林雅这个平台得到锻炼，那么，以后他们大可以脱离欧林雅去自创品牌。这样，我们就不是在为自己培养，反而是在帮别人‘做嫁衣’，是在用自己的培训机构培训竞争对手。”

我不认同这种说法，这样的说法无疑是狭隘的。我向他们解释：“我们欧林雅要把一个店长培训出企业家的思维，那么自然会让他拥有企业家一样的能力。反过来，店长拥有了企业家的思维和能力，他肯定会把自己的门店管理得非常好，首先得益的是他自己，其次就是我们欧林雅。倘若每个加盟店的店长都是这样，那么欧林雅总部依然是最大的受益者。欧林雅的平台越做越大、越做越好，这些店长即便是脱离了欧林雅，自创品牌依然是不能和欧林雅这个大平台相比的。所以，**我们一点也不需要担心店长能够成为竞争对手，反而要花心思让他们个个成为企业家**。”

到 2010 年，欧林雅的加盟店已经超过 1000 家，如今这个数量依然在不断攀升。但是，据我所知，并没有多少加盟店的店长选择去自创品牌，他们依然会选择欧林雅。不是他们没有具备企业家的素质，而是他们明白，欧林雅这样宽广而又自主的平台非常难得，在欧林雅，他们可以得到更多的机会，取得更大的成绩。作为一家有胸怀的企业，欧林雅致力于“基业长青”，我希望通过培训机制在终端销售商中培训出更多的企业家。

为了增强欧林雅商学院的实力，欧林雅商学院特别招聘了一批专业技能过硬、实战经验丰富的精锐讲师组成师资团队。而且，在课程研究上更是结合了竹纤维领域发展特色与公司的发展目标，做到了“寓教于商”。与此同时，商学院还研发出了一套科学高效、贴近终端市场、符合公司发展战略的欧林雅“特色”培训体系。

欧林雅商学院的培训对象主要由两部分构成，一为加盟商群体，二为公司员工，根据对象不同，课程的方向及侧重点亦有所不同。

加盟商培训以实用、有效、落地快为出发点，开发了一系列由浅入深的课程，包括《产品黄金推荐法——FAB 提炼》《成功的店铺销售技巧》等基础销售课程，以及《店铺管理——会员管理》《视觉营销——陈列基础》《店铺经营之道》等进阶技能课程；同时，根据加盟商的层次不同，培训的内容亦有所区分，如新加盟商以《宝贝快长营》基础课程为主体，优质加盟商则以举办论坛、峰会等形式进行培训，同时定期开展的《店长述职会》将不同主题的成

加盟商培训

功经验进行导入，多层次的培训对加盟商给予了长期、有效的扶持。

员工培训则以全面发展、全中有专为指导思想，根据员工的岗位人才模型进行课程的开发，如入职培训有《新苗培训班》系列基础课程，定期培训有员工基础素养提升培训；销售类岗位有终端训练师系列课程，中高层管理人员则开展研习会等；同时，商学院的培训形式并不拘泥于课堂传授，室内拓展、沙盘演练、知识竞赛等形式的导入，寓教于乐，使培训更加生动、多样化。老加盟商和老员工，会根据自身业务需要参加相关培训，新加入的加盟商以及新员工，则会得到公司集中培训的机会。

我希望，欧林雅不是某个人或者某些人的品牌，它应该是大家共有的品牌。有个成语叫“薪火相传”，这是每个企业家都会有的梦想，而对于欧林雅来说，每个人都应该是其中的一分子。

让每个加盟商都赚到钱

有一天，一个消息从总经办传到董事长办公室：安徽加盟商王自荣不想继续做欧林雅了。对此，我深表震惊，连忙查找消息来源，总经办很快给了回馈信息：这是王自荣自己在回访电话中表达出的意愿。

按照欧林雅的规定，我们每个月除了会和客户做面谈回访外，还会通过电话和客户做交流，了解他们的心态变化、了解他们的真实想法，看看他们有什么问题反馈给我们，或者需要我们给予什么帮助。就是在这次回访中，王自荣说起自己不想干了，原因是他现在库存很大不好消化。

之所以这个消息引起我极大的反应，主要是王自荣和欧林雅合作多年，从欧林雅刚刚成立，一直合作到现在，彼此可算“知根知底”了。对于这样一位老朋友的“退盟”行为，不光是我，整个欧林雅上层都极为重视。因为，我们格外珍视和公司一起走过来的每一位客户。

在得知了王自荣要退盟的消息之后，负责安徽的大区经理立刻做出反应，第一时间通知到区域经理宋喜梅。小宋立刻安排人前往他的加盟店辅助销售。

在了解了这个情况之后，我又专门给小宋打了一个电话，要求她认真对待这件事："你一定要派人专门到王自荣的店里，详细询问他遇到的问题，要问清、问透。然后根据他提到的问题，认真分析，尤其是加盟店里里外外的情况要摸清，最好能尽快查清楚问题究竟出在什么地方，回来以后要做到'对症下药'。一要帮助客户解决问题，二要多和客户沟通，加盟店暂时赢利情况不够理想不是最严重的问题，最严重的问题是客户心态上发生的变化，所以除了解决好客户经营上的问题，更重要的是解决客户心态上的问题。"

其实，现在在经营企业的过程中，有很多人都会忽略老客户，似乎觉得老客户理所当然与自己同风雨、共患难，从而只顾着去开拓新的市场。但是，老客户其实对任何一个企业来说，都是重要的财富，只有多年合作的老客户，才能真正体现出一个品牌的内在价值。

另外，老客户最需要关怀，因为无论是谁，长期对着一件事情极易产生倦怠情绪，加上市场出现波动，就会产生厌倦情绪。所以对老客户更要多沟通、多交流，留住老客户，才会有新客户。因此，**欧林雅要求对每个客户每个月做电话回访，加深公司和加盟商的联系，便于有问题及时解决**。

区域经理宋喜梅很快赶到了安徽，并且第一站就选择了王自荣的加盟店。根据实地调查，发现情况确实像王自荣说的，他的存货比较多，在经营上遇到了一些问题。小宋将当地市场资料传回公司，公司根据这些资料来研究缓解王自荣压力的方式，帮助他清售"压箱底"的货物。

根据他的具体情况，营销部门不仅提出了一些有建设性的方案，更是派出了业务员协助他采取了各种各样的促销方式。在确定以后，大区经理专门派出业务员去王自荣的加盟店，协助他一起处理库存，并对他的欧林雅加盟店做宣传，让当地人更了解生态竹纺产品。

在准备好以后，所有人出动帮助王自荣的加盟店做促销活动。其实我们的促销活动方案还是比较灵活的，但大多都会选择从基本的竹纤维产品展示开始。由于竹纤维产品的吸附能力、清洁功能非常好，竹纤维洗碗巾脏了基本不需要洗洁精，在清水里漂洗完就很干净。我们也会在现场做一些对比实验，放两个量筒，500 毫升的，选择一种棉纤维或者其他纤维的产品，和竹纤维产品分别放入筒里，会发现竹纤维产品立刻沉下去了，而棉纤维产品下沉得很慢。

类似这种为了促销而进行的实验，可能一天下来要做几百次，从早上到晚上反复不停地做。还有其他一些类似的促销手法，模式都差不多，以尽可能吸引消费者关注为出发点。因为只有别人关注你的产品才会了解你的产品，了解你的产品才会对它产生兴趣，产生兴趣了才会愿意花钱购买。有的企业觉得，自己已经是大企业了，有明星代言，就不再去做这些类似摊贩的街头促销手法。但是，欧林雅不怕，企业做得再大，也要做脚踏实地的事情，没有什么方法是高端的，没有什么方法是低俗的，方法好不好取决于效果。

通过一系列的行动方案，各种促销手法实施下来，我们终于协助王自荣清理掉了他库存积压的货品。之后，又根据当地的情况，帮助他一起制定了营销策略。后来总部进行培训的时候，我们也专门给他的员工进行了相关业务的深度培训。在去年的订货会上，王自荣到长沙来，包括我在内的公司管理层都特意和他再次进行了沟通。

老客户是一路跟着我们从创业初期走到现在的，我希望他们能够跟着欧林雅一路走下去，苦日子一起捱过来了，也希望大家能一起享受好日子。未来的路还有很长，我们需要更多的新客户，也不能少了老客户。

前一段时间，我又特意给区域经理宋喜梅打了电话，询问关于王自荣的情况。宋喜梅告诉我，她最近也经常下去巡店，去王自荣的加盟店走走，经常和他沟通想法。从最近王自荣的谈话来看，他重新燃起了对欧林雅生态竹纺的热情，也多次表示感谢公司总部的支持和帮助，会一直把欧林雅产品做下去。

从欧林雅成立起，我经常给各大区经理开会，开会的时候也总是强调，一定要把电话回访坚持下去，落到实处。要多关心加盟店的情况，多和客户沟通，了解客户的心态变化。

电话回访会帮助我们发现很多问题。一个企业站直了身子不难，难的是弯下腰去倾听客户和市场的意愿。

欧林雅输出的不只是产品，更重要的是输出一种赢利模式，**让每一个加入欧林雅的加盟商赚到钱**，这不仅仅是一句空话。要让每一个加盟商赚钱，我们就要陪在他们身边，随时了解这些加盟店的情况，没有问题要预防问题，出现问题要解决问题。

欧林雅特色：首问责任制

一盆清水，一条欧林雅毛巾，一瓶酱油或者植物油。这就是欧林雅演示现场的物品。事实上，在任何地方的欧林雅加盟店或者直营店开业的时候，你都能看到这样的场景：欧林雅特派的工作人员先端来一盆清水，然后将植物油或者酱油倒在平台之上，这时候只需要用竹纤维毛巾轻轻一擦，平台立刻光亮如初。最神奇的是，事后，欧林雅毛巾只需要在清水中漂洗两次就干净了。

“好神奇的效果啊！”

“竹纤维毛巾清洁能力真有这么强？”

“他的毛巾上是不是有什么洗涤液之类的？”

“这是我们家里常用的植物油吗？”

……

一般演示完之后，除了赞美，种种质疑之声都会接踵而至。

为了彻底为大家“答疑解惑”，我们总是本着耐心、负责的原则，让顾客从超市或者其他地方自带植物油，随便从店里抽取一条毛巾做实验，验证竹纤维吸附能力、清洁功能。

就这样一天下来，很多工作人员的手都快洗脱皮了。但是，这是每一家新加盟店开店必须要进行的程序，只有这样直观的效果，才能帮助客户赢得更多的消费者。

除了前期的选址、店长培训，以及货物选择、开店现场辅导，我们还会有新店为期一周的“驻店行动”、后期的电话回访，让每个加入欧林雅大家庭的人永远不会“坐冷板凳”。

欧林雅的服务不仅仅停留在事前、事中，更保持在事后。在现代人“维权”意识越来越强的今天，企业一般都有客服部，解决各种投诉纠纷。同时，为了预防客服不到位，后面还有一个监督电话，但是在普通大众眼中，这个电话或许是个“障眼法”或者摆设。

如果询问大众：“你认为监督电话是谁在接？”

一般人都会回答：“无人接听，或者客服部自己呗。”

但是，欧林雅不是！在欧林雅，接听监管电话的人是傅总！

欧林雅之所以下如此大的力度做这件事情，就是为了杜绝客服电话将客户“蹂躏”成“皮球”来回踢。重拳之下，效果显著。自从 2007 年，将傅总电话印在客服监管电话之后，欧林雅的客服口碑直线上升，同时，这一措施更是让每个欧林雅人将“一切为客户服务”的精神铭记在心。

但是，不是每一个客户有了困难都会找客服。事实上，他们或许因为图方便直接联系公司的业务员；或许和生产部打过交道，直接联系生产车间；甚至根本不知道客服部电话，直接打到办公室或者财务部，这种情况怎么办？

曾经，一位武汉的加盟商，在接到公司发过去的货物之后，由于长期合作，货物一收到，便直接打款了，然后，打电话给公司财务部，让财务部查一下款项。放下电话之后，这位加盟商一核对货物，发现缺了50件。

于是，加盟商直接按了“重拨”键，电话重新拨到了财务部。当他反映完情况，财务部的小助理一脸茫然，因为这完全属于客服部或者市场部的问题，财务部的人根本不清楚。但是，又不好往外推，因为这里就是欧林雅，她先是和客户说：“您稍等，我帮您找一下经办人。”而后，捂着话筒，小声叫财务经理：“经理，您赶紧从客服部找个人过来吧。”

财务经理虽然不明白事情的原委，但是随即拨通内部客服部电话。

恰好此刻，客服部经理来财务部报销账单，小姑娘灵机一动，对电话那边的客户说：“您稍等，我给您找了相关的负责人，您将情况再和他说一遍。”

于是，客服经理手里攥着账单，“莫名其妙”地在财务部接了一通公司投诉电话。经过层层考察，发现货物在物流公司投递的时候，少放了一包。这件事情虽然解决了，但是客服经理和财务经理就客户“打错”客服电话的事情进行了沟通，认为下次再有这种情况，财务部依旧不能往外“推”，否则很容易在客户心中造成“踢皮球”的印象，但是总不能客服部在每个部门都设立一个“办事处”吧。

于是，二人共同来到我的办公室，将问题直接汇报给了我，询问我的决策。听完整件事情之后，我先和财务部经理说：“你回去第一件事情要给那位小姑娘发奖金，因为她接到电话的第一反应是解决问题，而不是向外推。这份难得的责任心必须要大力弘扬，一定要在公司内说明奖励事由。另外，二位经理的责任心值得公司的管理层学习，只有我们每个人都将欧林雅看成自己的孩子，用心呵护，才能赢得长久发展。你们先回去，我再考虑一下，明天晨会宣布公司决定。”

两位经理出去之后，我召集老傅、旷国章等公司高层一起到我的办公室，进行了一个“头脑风暴”，集思广益，找寻最有效的解决方案。

当时在座的都是清一水的男性同胞，又是“私下会议”，没那么正规。我的办公室一时间“硝烟四起”。刚开始没有人说话，大家都在构思有效的方法，过了一会儿，陆陆续续将自己的想法都说了出来，从否定开始，到慢慢认同、完善。最后，欧林雅“特色客服解决方案”亮相——**欧林雅特色：首问责任制**。

这项决定的最大特色在于，只要客户联系了欧林雅，无论第一接洽人是什么部门，什么职务，都会第一时间为客户解决问题。如果不是本部门的事情，一定要联系相对应的部门，并且负责“跟单到底”，一直到事件结束，这就是

欧林雅成长手记

欧林雅要求每个加盟店的店长都是企业家，我们要的就是有企业家精神的人，欧林雅的目标就是用企业家精神来复制店长。

拥有企业家胸怀的店长才能成就欧林雅辉煌的未来。

“首问责任制”。

之后，在公司晨会上，决策一出，整个会议室掌声一片，因为我们都呵护欧林雅，格外珍惜它的口碑。

我一直自豪地认为，首问责任制是欧林雅最骄傲的“特色客服之法”。一家成熟的企业应该具备纪律性和效率，要值得客户信任。通过实施“首问责任制”，我们的投诉率逐年下降，企业的员工要有担当、有责任心，企业才会变得有担当、有责任心。

做出来的诚信

在今年年初的时候，一位区域经理因为个人原因突然离职，由于时间紧，公司团购部门的负责人临时兼任他的职位。

这位区域经理刚刚离职不久，他之前负责的一位安徽宿州的张艳秋就发来了一份加急团购订单。当时业务员没仔细审核这个订单，就直接接下了。等到安排货源发货的时候，才发现这个订单是当天下午发到公司的，而客户要求后天就要收到货，满打满算，时间只有两天。无论采用哪种运输方式，也不可能在预定时间内将货物送达。

因为宿州只是安徽的一个地级市，要从长沙把货物运送过去，必须要先运到合肥，再从合肥运到宿州。通常，我们发货主要通过火车或者快递两种。走火车我们主要是通过中铁快运，但是运输部门的负责人表示，这么短的时间，中铁肯定是来不及的。快递肯定也是不行的，发快递到宿州至少也需要三四天。

临时走马上任的团购部负责人黄子兰感到很棘手，便和仓储部的人开了碰头会，商讨解决办法。后来，还是仓储部的负责人想了一个办法，说是可以尝试通过客运。团购部门的员工急忙去联系长沙的各个客运公司，结果发现，客运公司根本没有长沙直达宿州的车。

这时候，有部门的员工建议："把这个单子退了吧，反正不是我们的责任。这根本就是不可能办到的事情，而且客户这次根本没有给我们打预付款，这就说明他们也没想着这批货物能及时到货。这种情况，也不能算我们违约，欧林雅也无须赔偿他们违约金。既然他们都不信任咱们，我们就不要挑战这种高难度工作了。"

但是接下来团购部负责人的几个问题却改变了所有在场人的看法："这个订单不能退。我问你们，这个客户是新客户还是老客户？"

"老客户，以前和欧林雅一直在合作，光我经手就已经有四五单了。"一位业务员回答，他的答案也引起了其他人的附和，"是啊，这个客户是我们区的老客户了。我们大家都知道的。"

"好"，团购部负责人继续问道，"既然是如此熟的老客户，那么他还如此不信任我们，你认为是客户的原因，还是我们服务做得不够周到，让客户不信任？"

"既然你们认可是我们的原因，那么我们就必须努力按客户的要求完成。说客户不诚信的前提，必须要审视自己是否提供了周全的服务，有没有做到诚信，值不值得人家付出诚信。还有，我们不要管别人，只要做好自己。要知道，欧林雅的诚信不是说出来的，而是踏踏实实干出来的。"

顿了一下，团购部负责人问："大家还有什么好的方案没有？我们探讨一下，尽快将这件事情解决了。晚上我请大家吃火锅。"

这次，再也没人想退单了，相反，每个人都出谋划策，积极想办法。之后，团购部负责人先和客户协商，欧林雅把货物运到合肥。因为长沙每天都有到合肥的车。然后，看客户能不能到合肥提货，或者是想别的办法请别人到合肥提货。

经过和客户沟通，对方表示接受欧林雅的方案。团购部门的负责人又联系到长沙汽车东站有到合肥的直达车，下午6点发车，次日早上9点到。客户那边在合肥当地找了一个朋友去接货，接到这批货以后从合肥托运到宿州，这样就在要求的时间内把货物按时运送到了。

后来，这个客户专门打电话到总公司，对于欧林雅安徽部负责人的工作给予了肯定。这时候总公司才知道这件事情。

当得知了事件过程中的细节之后，我在全公司推广安徽分部宣扬的欧林雅"诚信做法"。一家企业做得再大，也要脚踏实地地做事情。以诚为本，不是说出来的，而是做出来的。

第三章 品质之专，源自高标准严操作

Chapter 3

高标准，严操作，欧林雅用最专业、最先进的科技武装自己，建立了一个属于自己的绿色、健康的生态王国。

八大系统，成就至尊欧林雅

欧林雅市场部有一个特点：如果没有预约，贸然前往，多半情况会找不到人。因为市场部人员不是在加盟店，就是在去加盟店的路上。

事实上，这是我在欧林雅成立之初就对他们提出的明确要求：常去巡店，才能掌握市场脉搏。

我一直信奉：**只有来自一线的信息，才是客户的需求，这正是我们的努力方向！**

所以，每次市场部人员带回来的第一手资料，我都要仔细地看，细细地品。因为这就相当于"前线情报"，这是从欧林雅成立之初就养成的习惯。我必须从这些资料中分析出欧林雅还有哪些可以改进的地方，客户希望得到什么帮助。

2008 年冬季的某天，我沏上一杯红茶，开始翻阅丹东加盟店的资料，茶杯中冒出的热气，让我在严寒的冬日倍感温暖。

但是，当我翻到丹东李贺的加盟店资料的时候，心情却再也难以如此轻松，因为资料中记载了这样一件事情：

在立冬的时候，丹东的最低气温达到了零下十几度。李贺从欧林雅定制了一批厚绒毯，可收到货物才发现，里面居然是夏凉被。性格爽朗的李贺哭笑不得，只得打电话要求换货，并且在电话中和客服部的人开玩笑地说："你们湖南的四季过得太快了，我们这还寒冬腊月呢，你们已经到盛夏了。"

客服部接到投诉之后，马上进行调查，如此大的纰漏，究竟问题出在了哪里？当客服将整个发货环节搞清楚之后，结果令人瞠目结舌：这不是个例，而是行业通病！

当时的加盟行业基本都是在发货之前，先将货物打包，然后，按客户要求的数量邮寄过去。但是，在客户多，而打包好的货物数量不够的时候，就会现场打包。因为订单都是人工订单，有可能记错了，或者拿混了，而且现场打包的场面也混乱不堪，因此，经常出现差错。

而欧林雅和其他公司还有一点不同，欧林雅对于打包的每种产品的挑选都有综合的考虑，例如：南北方的温度差异，地域的特色等等。因为每次都是从客户需求出发，精心搭配。但是，欧林雅成长的规模超出了所有人的想象，很快，我们打包的速度就赶不上发货的需求了。随之，也就有了这次发货失误。

客服根据调查结果，马上为李贺调换了货物。同时，客服经理在第一时间和市场经理以及库房主管碰面，共同商量出了打包、发货的新措施：首先，将库房划出专门的"打包区域"，避免混杂的场景；其次，增加打包人手；最后，增强市场人员的意识，严格审查每一单的信息，降低出错率。

这些举措基于当时的大环境，几位负责人也算是思虑周全了。由于加盟店大环境都这样，做加盟的基本都理解，所以，李贺在市场人员回访时，也没有太多反馈。

但是，面对这种现象，我却陷入了深思：如何改变人工发货的模式？我们究竟要怎么做才能提升效率，否则在人员少、工作繁忙的情况下，误发现象会让欧林雅的品牌形象大打折扣。

从下午拿到市场调查结果后，我一直坐在办公室里借助网络为欧林雅“诊断治病”，无暇顾及其他。不停地浏览，不停地查找，终于在某一篇新闻报道中看到了我想要的东西：专业系统打造智能流水线！

看到此，我眼前一亮，对啊，我应该找专门的机构，找到适合行情的系统。系统肯定要比人工精细、严谨。此时，我才发现夜已经深了，踏出公司的那一刻，我望着天上的明月，倍感温暖，因为内心是一片亮堂的世界。

经过考察，我决定引进相关专业系统，一次性解决“人工订货”造成的难题。但是，当决定采用专业系统的时候，我也受到了不小的阻力，因为引进专业系统的花费高达千万。那几日，公司的中高层一直在议论的一个话题就是：斥资千万去购进一套系统，究竟值不值得？

面对质疑的目光，我坦然回答：“值不值得并不是靠眼前这一刻的得失决定的，而是要从欧林雅的大局出发，专业系统必将替代人工，这是社会发展的趋势；要从欧林雅的长远出发，我们要做的是百年基业，怎么可以过于计较眼前的得失？要从欧林雅的品质出发，为了高品质，多大的付出都是值得的！”

一席话，让大家全部投了赞成票。于是，在2009年7月，在我的坚持下，

欧林雅 1000 万巨资引进用友 ERP 系统

公司用千万元的巨款从用友公司引进了“ERP-T8分销系统”，并于2010年1月，在全国上千家加盟、直营门店全部上线运行，实现了进销存数据的实时传输，为产品订货、库存分析、配发货、产品规划及经营决策，提供了及时有效的数据支撑。专业系统当前，欧林雅的服务质量得到了全面提升，客户满意率直线上升。

而“ERP-T8分销系统”也彻底拉开了欧林雅专业系统的“大幕”，之后，欧林雅又引进了其他七个不同的专业系统，全面提升了欧林雅的服务体系，赢得了客户的一致好评，更为带动行业规范起到了良好的作用。

有了这些管理的利器，欧林雅的管理走上了正规化的道路，有了这些得力的措施和监控手段，我们的产品质量和管理品质得到了有效的保证，也为企业走上正规化道路奠定了基础。

事实上，我一直信奉“**科技改变生活**”的真谛，所以，欧林雅在科技改革方面一直走在前沿，永不落后。

附录：欧林雅八大专业系统

1. ERP-T8 鞋服分销系统

2009 年 7 月，欧林雅正式启动与用友公司合作的项目，斥资上千万元，定向开发 T8 鞋服分销系统，并于 2010 年 1 月在全国上千家加盟、直营店全部上线运行；实行有进销存数据的实时传输，为产品订货、库存分析、配发货、产品规划、经营决策及时有效地提供数据支撑。

2. 财务管理系统

2011 年 1 月启用财务管理系统，将公司运营的各个环节清楚地通过软件的形式呈现给消费者，比如企业商品的进销存、现金流的风险预测都一目了然，对于费用、预算、固定资产、现金、应收、应付、预收、预付、供应商往来明细、客户往来管理明细、直营管理等各个业务单元，都进行了全面有效的监控，实时进行数据整理分析管理，为经营管理决策提供了有力的依据，为公司的稳健发展提供了有力的保障。

3. OA 办公系统

2011年10月，欧林雅引进了OA办公系统，全体员工实现无纸化办公，降低工作差错，优化并规范工作流程，将所有工作计划、工作流程及审批权限全部录入系统自动流转，无需人力提醒及监管，大大提高了工作的效率。

4. CRM 客户管理系统

欧林雅以客户为中心，开发了 CRM 客户管理系统。2012 年 4 月份，该系统正式上线，这个系统是利用信息科学技术，实现市场营销、销售、服务等活动自动化，可以帮助企业更高效、更准确地为客户提供满意、周到的服务，这也是一种提高客户满意度、忠诚度为目的的管理经营方式。

同时也可以即时监控库存量，对市场动态及时把握，我们可以根据每周市场的销售情况，及时分析出欧林雅哪些款式最受消费者的欢迎，哪些款式滞销，我们可以根据市场的动态及时作出调整。及时提醒加盟商的奖励、问题反馈处理、业绩达成、合同续签等客户维护管理工作，避免工作漏洞及差错现象。真正实现了对现有加盟商和意向加盟客户的无缝对接。

5. HR 人事管理系统

为了保证欧林雅的品质，我们在内部流程管理上也下了很大的功夫。2012 年 5 月开始，欧林雅启用了 HR 人事管理系统，将所有员工入职的过程，从面试到入职、考核、培训、晋升、离职、薪资等各环节进行了全面的管控。

让员工所有信息均在系统中得以体现，然后进行有效的归档管理，为员工的职业生涯做出合理的规划。

6. WMS 出库系统

在欧林雅现代化管理的过程中，值得一提的是我们的 WMS 出库系统。在原来的仓库里，每天都是手工配货，结果有的时候发货太多，人工操作的效率太低不说，而且还容易出错，把货物发到客户手上的时候，发现货物配的不对，不仅造成不必要的麻烦，而且降低了顾客的满意度。

2012 年 7 月，启动 WMS 出库系统，所有产品实现扫描出库，降低了物流人员配发货工作的差错率，节省人力成本，从原来的一人配货一人复核，变成了一人扫描即可出库，实时动态反馈库存产品仓位及配发状况，提高仓库的空间利用率。

7. VIP 会员管理系统

欧林雅大部分销售业绩来自 VIP 顾客的贡献，为了增强与大客户的互动，2012 年 7 月份，欧林雅启动了 VIP 会员管理系统，规范所有欧林雅专卖店的 VIP 会员信息及管理维护工作，这个系统主要包括：会员信息管理、VIP 会员管理、VIP 会员动态、投诉（商品 / 服务投诉全程监控）处理、意见资料库、消费记录、回访记录等；VIP 活跃度分析、消费水平、VIP 客单价、重复购买率、同比环比增长率、年龄性别消费占比、指定时间段的分析图表、会员增长分析等；VIP会员营销、VIP会员维护、VIP会员投诉处理等；通过系统的分析把公司的发展规划与VIP会员的需求紧密联系在一起，真正为顾客需求服务。

8. 供应链采购系统

2012年7月，公司正式启用了供应链采购系统，规范供应商档案管理、商品信息管理、价格体系分析、产品的订单管理、生产进度管理、发运管理，从货物入库开始，对全部流程进行实时的监控，实时分析管理商品动态，及时有效地为产品的规划、安全库存管控等流程提供支持，保证产品供应的顺畅。

有问题查手册！

“有问题查手册！”这是流传在欧林雅员工间的一句话。公司员工经常自豪地对其他人说：“这是我们欧林雅独特的文化！”

只要在欧林雅，无论是谁有任何不明白的地方，都会习惯翻阅手边绿色的标准化手册。而每一位刚到欧林雅的员工，接受的第一课就是“手册培训课”。这其中还有一个小故事。

有一次，人力资源经理皮璐璐给新员工上完培训课后，来到我的办公室，笑着说：“杨总，我今天在培训前为新入职的 20 名员工发标准化手册的时候，又有一个员工当面问我这有什么用？另外 19 人则一副赞同的表情，我都不记得这是我第几次被人用这样怀疑的眼光看待了。虽然，培训之后，他们从最初的怀疑态度转变为坚定不移遵守手册，不过刚开始那种看老古董一样的目光还是让我的心灵很受伤啊。”

我说道：“无论是第几次问，无论你刚开始多受伤，我们都会坚持下去，因为这是实现欧林雅标准化的第一步。其实你更应该充满成就感，你每次培训都能转变几十个人的观点，让更多的人了解欧林雅的流程，这是一件多有意义的事情。”

欧林雅对新员工的培训极其严格，每周都有部门培训，从岗位职责开始讲起，一直细化到每一步该怎么做。这并不是特例，而是欧林雅所有的部门，所有的项目都必须遵循的规则。

欧林雅之所以形成这种独特的“企业行为习惯”，源自于自身的经历、名师的指导、大家的付出。

从欧林雅成立之初就明确规定：每一家新店开业，都要有欧林雅员工在现场辅导。在欧林雅成立初期，发生过这样一件事情：当时由于新店开的过多，人手有限，一位新员工刚完成培训课程，便被紧急派往外地参加新店开业的辅导工作。

当时公司尚未有关于流程的明文规定，于是，这位员工从上火车的那一刻起，就给公司老员工打电话，询问操作规程的细节，以及培训课上尚未消化的专业知识。几个小时下来，光是话费就花了几百元。

这件事情在欧林雅盛传一时，当时我的第一感受就是感动，有这样尽心的员工，欧林雅就拥有了最大的财富。第二就是要改进工作方法，如果有类似于“字典”的书籍可查，里面包含所有工作的相关流程细则，那么，就不会出现这种被动的情况，更不会让我的员工如此辛劳，上了火车，居然连休息的时间都没有！

我在工作问题上属于行动派，看到问题就要找解决的方案。于是，我去逸马国际接受连锁企业全程运营系统培训。在培训课堂之上，逸马颠覆了我的经营观点，改变了我的管理方式。为了提升欧林雅的品质，提升欧林雅高层的整体素质，制定出最切合实际的流程标准，我带着旷国章、蔡清萍等四位公司高层以每人 23.2 万元的学费再进逸马国际“进修”。

从逸马归来，我们激情澎湃，同时公司流程不规范问题也日益突出。于是，我们决定“闭关造册”。整整一个月的时间，我们五位公司高层不出门，不联系他人，每天基本靠方便面和盒饭果腹。最终我们将满腔的热情和坚定的信念，以及系统的专业知识相融合，打造出了这 15 本绿皮封面的“标准化手册”。

手册“出炉”的那天，我们激动万分：欧林雅终于有了自己的系统标准！并且，这不是让员工随手翻翻的表面工程，而是真正的“公司字典”，里面全是必须落到实处的规定。在欧林雅，所有员工的操作流程都必须严格遵守手册，不能逾越。

欧林雅成长手记

欧林雅凭借一肩之力，扛起了竹纤维行业的“旗帜”，凭的是我们孜孜不倦的钻研精神，凭的是我们在科技道路上永不满足的追求，凭的是我们操作过程的严谨，凭的是我们审核标准的严苛。

然后，我们乘胜追击，经过定时培训、详细讲解，全公司推广这套标准化手册。之后，我们又花费了整整5个月观察，改进了手册中不合理的地方，补充了手册中不完善之处，根据公司具体情况，补救了手册中某些错误的流程。

而今，在欧林雅，每天的工作都是按照流程而来的。现在无论你踏进欧林雅哪个部门的办公室，内部的摆设都是一致的，里面有几把椅子，桌面上有什么文具……因为这些也在规定之内。如果要接待客户，从着装到行为礼仪、言谈举止我们都有明文可查。

这套手册不仅仅是欧林雅人办事行为的准则，同时更代表了欧林雅成为行业“领头人”的决心，而封面取自竹子的绿色，更暗含着欧林雅美好的未来。

这15本绿皮手册囊括了几乎所有人的工作范畴，无论是总经理还是中心总监、部门主管直到店员以及仓库管理员，手册中都明确地注明了所有人的工作流程，细化了个人的工作职责。其内容包罗万象：小到办公室内的椅子如何摆放，大到加盟店该如何操作。

正是这种规定到细节的标准，保障了欧林雅工作的高效率，更是确保了工作无一遗漏，万无一失。如果部门需要临时举行商讨会，一般都会先做个表格，注明：会议主题，主要负责人，会议结果等等。这样不仅使得会议目的更清晰，时间更节省，也是落实会议决定最有效的方式。正是有了如此明晰的规定，公司的管理水平以及员工的执行力得到了极大的提升。

欧林雅的规模日益壮大，想要基业长青，我们就必须坚持“欧林雅标准”，这是企业制胜的秘诀，更是一种无形的品牌。所以，我们不惜花费大量人力、物力、财力来巩固“标准化帝国”。

附录：欧林雅标准化手册系统

1. 组织结构手册

从总部到分部到门店，欧林雅采取严密的M型企业组织结构体系。总部根据业务职能分为八大职能部门、分部六大区域分公司、门店从店长到导购架构分明，按产品、服务、客户等设立明确职能与分工，让责、权、利清晰明了。

2. 采购手册

采购手册，针对所有产品和面料辅料的品质与成本进行规划与把控。根据公司的经营战略，按照各时段的需求规划商品及面辅料数量，包括后期的补货需求。采购环节严格按照采购流程进行，公司制定明确的供应商考察标准、采购价格体系与质量评估指标等，相关部门进行配合，保证采购物品质量、数量、价格等达到预定目标。

3. 储运手册

储运部对于采购的原储料进行规范化管理，包括入库与出库货物的清点接收、清洁整理与安全保卫。退仓、调货、点货以及异常事务的规范。通过清晰明确的表单进行区域化的日常管理，明确储运部各级员工的职责，保持一定的库存保障供应，降低存货总成本，加速资金周转。

4. 展店手册

展店手册主要涉及店铺的拓展。根据公司年度目标制定展店计划，区域负责人通过调研搜集市场数据，确定店面形式与门店结构。通过直营店与加盟店拓展、收购、意向加盟商几大模式进行拓展。展点的数量直接关系到公司的区域化拓展进度。

5. 店址评估手册

总部专业团队根据城市级别、行业市场、商圈等进行调查，筛选出备选店面。确定备选地址后，按照地理位置、交通状况、竞争环境、顾客流量、店面成本及发展趋势六大标准进行店面评估。由专业经理协助论证与洽谈商圈 ，进行投资效益分析，确定最终店址。

6. 建店手册

从开业前的门店拍照、装修、货柜配送，到最终的店面呈现，总部提供标准化的体系支持。公司按照总体形象设计装修效果图，门店根据图纸进行标准化装修。总部统一发送货柜，保证开业前的正常运行。标准化体系构建合理严密的标准化经营模式。

7. 开店手册

开店手册对于开店流程提供严密指导，确保开业正常。在开业前做好开店通知、活动推广、人员配合、货品及相关物料准备，加盟店与直营店在总部支持上稍有差异，加盟店需自行做好人员招聘等工作，总部会提供相关支持，并对开业效果做好预期评估。

8. 店长手册

店长手册明确店长在店面形象管理、店铺经营技巧、货品流转管理、促销管理、顾客关系管理、顾客投诉管理、财务管理、店铺安全管理，以及团队建设等方面的专业能力，让店长更容易学习和掌握相关的知识和技能，并更好地应用到店铺的经营实践中，以创造更大的效益。

9. 导购手册

导购手册明确导购的基本素质与行为要求，提升导购的销售能力与沟通技巧、个人素养与自我规划以及团队协作能力，培养其强烈的目标性与执行力，以完整的晋升体系、薪资架构、个人前景规划保证门店导购的稳定性。通过对门店导购的关注，最终提升终端销售力。

10. 加盟商管理部员工工作手册

加盟商管理部主要负责区域店面的管理，本手册严格规定总部加盟商管理部应该对客户提供的支持和服务内容，包括：大区经理分区管理加盟商门店，定期巡查店铺，以提升区域销售目标为最终目的，为加盟商提供促销活动方案、定期的店长述职会与店长培训等服务支持、问题解答与反馈。

11. VIP 客户服务管理手册

VIP 客户服务针对终端门店顾客，管理手册针对顾客管理提供模式化指导，包括顾客特征数据分析、客户维护、新客户拓展等。VIP 客户进行定期的数据分析，包括顾客个性特征、购买特征、产品品类消费、品牌认知度等，通过有效的会员管理，提升会员忠诚度和消费力。

12. 加盟商服务管理手册

对所有加盟商提供相关事务支持，维护加盟商的稳定性，包括相关问题解答、退换货支持、客服定期、回访、销售会议总结、年终总结计划等，完善性的管理体系很好地维护总部与开发商的关系，保持开发商经营的稳定性。

13. 人力资源管理手册

人力资源中心负责公司整体的基础人事制度与流程规划。制定考勤休假、薪资福利、发展培训制度，规范员工行为规范，以阶段性的培训与晋升实现员工个人职业规划，通过提升员工个人工作能力达到公司整体执行力的战略性提升。

14. 行政管理手册

行政部门管理公司日常事务。公司通过 OEC 管理调理与 6S 管理模式针对各个部门的用品采购、派车申请、会议安排，以及员工个人形象进行规范化管理，使公司各项事务成标准体系化操作。行政部门的规范化管理关乎公司内部整体形象与各项事务的正常运行。

15. 财务管理手册

财务部是公司的核心部门，负责组织、协调资金运作、会计核算和财务管理工作。财务部控制成本、费用支出，严格管控公司资金流向。财务部定期进行成本核算，对经营过程中的成本计划实施进行检查和控制，配合公司整体经营预算规划。

赢在标准化，胜在创新路

在很早之前，就有朋友质疑：“秋良，我发现其实欧林雅的单项指标比其他公司高的不是很多，但是综合下来，却是成绩最好的。就单项指标而言，很多企业和你们的距离并不远，努努力甚至可以超过你们，但是欧林雅却一直是行业标杆，你们的制胜秘笈是什么？”

我微微一笑，事实上，朋友已经看到欧林雅的制胜秘笈，就是**赢在标准化：欧林雅标准总是比同行高一点，要比质量高的同行质量再高一点；比款式新的同行款式再新一点；比服务好的同行服务再好一点**。

自欧林雅成立以来，我们对产品质量的要求从未放松，从选竹到生产，始终坚持做到最好。即使这样，竹纤维产品的自身缺点还是显露了出来，由于竹纤维本身过短、间隔大，导致所有竹纤维材料的面料容易脱纱、掉线。所以那时候睡衣、内裤在穿过半年之后，非常容易出现破洞的现象。当时，这是竹纤维产品的普遍现象，也是一项无人攻破的难题。

欧林雅偏要解决这个难题，提升欧林雅产品的质量。于是，技术人员从竹纤维搭配比例开始调整，一次次的失败，一次次从头再来。每次只要提升一点点，公司都会投入生产，从来没有计较过成本浪费的问题，因为**品质当前，利益靠后！**

就这样，每次进步一点点，几年下来，直至2010年，欧林雅彻底解决这项技术难题，产品耐用性得到了极大的提升。欧林雅终于站在了新的高度，也彻底改变了竹纤维产品在人们心中“不耐用”的形象。

欧林雅在快速发展的过程中，工作流程不规范的问题日益凸显，于是，公司高层经过一个月的“集体闭关造册”，5个月的辛苦跟随、考察、完善，终于完成了15本“绿意葱葱”的标准化手册。

在会议中，15本“标准化手册”被秘书抱进来，放在大家面前的时候，整间会议室瞬间沸腾了。激动万分的欧林雅中高层人员集体起立鼓掌，欢呼声更是差点将会议室掀翻了。见到“成书”的那一刻，每一个参与制定手册的人都难耐激动之情，激动相拥。平日里严肃的会议室，此刻却成了欧林雅最热闹的地方。

见此情景，我的眼眶湿润了。虽然欧林雅之前签订过很多大的订单，但是没有一次可以令公司中高层如此激动。用老傅的话说，这15本标准化手册是欧林雅“里程碑式”的标志，它意味着中国的竹纤维从此也跨入了“标准化”的行列；标志着欧林雅作为竹纤维行业标杆又多了一项“独门绝技”；更象征着我们欧林雅人一直走在创新路上，永不停息。所以，这项“标准化工程”让欧林雅人格外重视，分外珍惜。

会议结束，当所有人笑着回到自己办公室的时候，我却没有动。会议桌上，15 本标准化手册整齐划一的摆放着。我静静地看着它们，心中却思绪万千：从有创建欧林雅念头的第一天开始，我就立志要做就做行业第一！为了这个目标，欧林雅一定要坚持创新，不重复，用科学的方式促进改革。

无论是产品质量，还是企业服务，我都要求欧林雅一定要进步，哪怕每次一点点，这也是我们获胜的资本。相对于其他企业的单项突出业绩，欧林雅靠的是综合实力，我们比服务好的公司再好一点，比质量高的公司再高一点，比款式多样的公司再多一点，如此优化下来，欧林雅就能轻松地赢得自己的一席之地。最重要的是，欧林雅不会故步自封，我们一直用科技改变着生产、加盟方式，创新路上永远有我们的身影，所以，我们不会畏惧任何的对手。

任何一家成功的企业都有它出彩的地方，想要做到高品质，就必须和他们齐头并进，甚至超越它们。如果想一下子将所有的指标做到极致，那是不现实的，也是不可能的。因为，社会一直在进步，科技一直在前进，任何一家“不学习、不前进”的公司都走不远。我们要做的就是永远超过别人一点点，一直保持下去，那么我们就能独占鳌头。企业的品质不是一朝一夕打造的，而是在日积月累中慢慢积累而来的。

品质面前，岂敢马虎？制定出行业标准，仅仅是我们迈向高品质的一个起点，欧林雅在前进之路上永远不会放松。使命感终究替代了喜悦感，未来的路还很长，我们要战战兢兢地走好每一步。百年基业，始于足下。这也正是我一直致力欧林雅成为“品质之王”的初衷。

“追魂枪”让难题无所遁形

如果你问其他公司的人：“工作出现了不可能解决的问题怎么办？”

他们肯定回答你：“上交呗。”

再追问：“然后呢？”

回答：“等答案。”

相同的情景，放在欧林雅就会有不同的结果。

“工作出现了不可能解决的问题怎么办？”

“老办法，使用追魂枪，溯本溯源，看看问题究竟出在哪里了，自己找答案。”

这是每个欧林雅员工都能给出的答案。

如果将商界比喻为江湖，欧林雅的目标就是要成为江湖中的“高手”。在武侠小说中，每个高手都要有一两手绝技，那么“追魂枪”一出，就意味着欧林雅要“上场”了。

其实，将"追魂枪"定位于欧林雅平时解决事情的原则，是我推行的"欧林雅必行政策"之一。因为过去20年的商海沉浮告诉我：只有这种方法才能最有效的找寻到问题的根源，才是解决问题的最快方式。

而之所以我可以将此招运用得炉火纯青，多亏了李践老师的"赢利模式"培训。李践老师的这项培训到目前为止已经办过一百多期了，我当时跟随了十几期，学习他的理论和理念。我不光自己学习，还送全体欧林雅的中高层管理者参加这项培训，我强制要求公司管理者每年选送不同的人员参加两次培训，这样让欧林雅团队能力得到提升。

在欧林雅的某次月度会议上，我发现其他地方都完成了计划，只有广州地区的销售额和计划相差甚远。于是，会议之上，我们重点找寻广州销售不佳的原因。区域经理给我的理由是：最近正好处于梅雨季节，人们对家纺用品普遍不是很热衷。

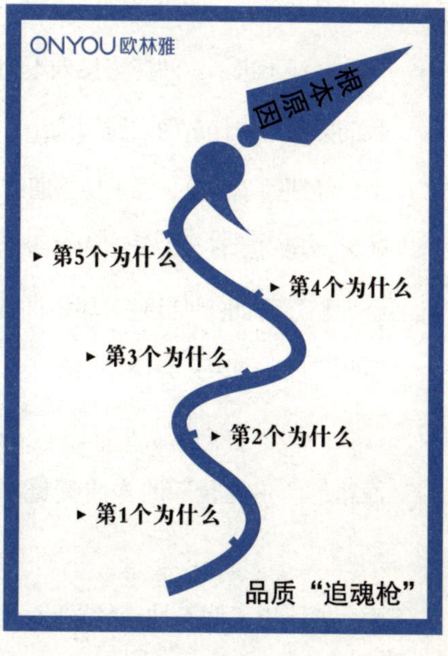

我听完他汇报的原因，脑海中立刻跳出了一个众所周知的故事：一位销售大师要求他的三个弟子去寺院卖梳子，大弟子去寺院转了一圈，一把也没卖出去，反而遭受了很多嘲笑回来；二弟子去寺庙卖出去了两把，他采用的是软磨硬泡的方式，人家看他可怜才买了两把；三弟子到了寺院，不仅将带去的所有梳子都卖光了，还带回来了长期的订单，因为他将自己

的梳子定义为“佛家吉祥物”。

听完这个故事，广州区域经理沉默了。我紧接着分析到，梅雨季节，应该是广州家纺销售最火爆的时候。因为天气不好，所以一般衣物异常潮湿，而竹纤维透气性好，占据天时；另外，由于天气潮湿，很多的衣物容易发霉，而竹纤维则有一定程度的扛霉性，占据地利；而现在销售不乐观，不是天时、地利的原因，那么自然是“人为”因素了。肯定是我们的工作没做到位，业绩才这么差。

于是，我施展开了“追魂枪”，深入查询销售差的原因。

我先追问区域经理第一个为什么：“销售结果为什么不好？”

他回答：“招商有困难。”

我追问第二个为什么：“为什么不好招商？”

他的回答：“广告宣传力度不够。”

他话音刚落，我的第三句问话就到了：“为什么宣传力度不够？”

他的冷汗下来了：“广告投入不到位。”

我的第四个为什么随之脱口而出：“投入为什么不到位？”

销售经理顿了一下，想了想答道：“应该是广告投入选择渠道出了问题。”

随之，我的第五个为什么为这段话扫尾：“为什么选择这个渠道？”

经理豁然开朗：“当时对环境评估出现了问题。我现在回去调整渠道。”

至此，谈话结束，会议之上却久久没有人出声说话，一片安静。

没错！“追魂枪”的本质就是“五个为什么”。

而我之所以不间断地连续发问，要的不仅仅是一个答案，更是要把欧林雅团队中的每一员都打造成可以深入思考、懂得举一反三的人。也正是借助这样的追问，提炼了我们的工作方法和态度。

我对下属的要求是："管理，要这么去管，要这么去问，总之要找到根源，解决问题。"

"追魂枪"可谓是欧林雅解决问题的"万金油"，无论事件大小，都可以拿来一用。而且无论是谁，只要拥有这门绝技，必将无坚不摧，横扫一片。在欧林雅没有"教会徒弟，饿死师傅"的说法。我一向的观点是，员工懂得越多，欧林雅就越获利。

曾经某个加盟店的经营状况一直不太理想，后来，借助五个为什么的追问，发现归根结底是公司制度有问题！

当时，因为加盟店业绩不好，追问原因，这个店的位置有问题。然后继续追问，为什么不做评估，选择这样一个地址开店。究其原因是公司没有派人，没做评估。于是继续深入调查，发现公司组织架构有缺陷。追问哪里的缺陷，得出的答案居然是公司没有评估这一环节！这样的原因让人瞠目结舌！

于是，一个店引发了欧林雅组织结构的"地震"，我们在积极帮助店主筹划新店的同时，更是彻底完善了一整套服务流程的组织架构，杜绝这类情景的再次出现。另外，更是从根源清查公司规章制度的漏洞，重新站在客户角度，审视各种问题的原因，探讨解决方案。

就这样，"追魂枪"用自己的威力征服了每个欧林雅人，成为了其坚定不移的拥护者。

八年的坚持，不变的态度

2006年年初，从决定创办欧林雅公司的那一刻起，我就一直在思索如何将欧林雅做成百年企业？首先，行业的大环境很好，竹纤维市场当时还不清晰，没有几家规模大的公司，所以欧林雅占据了先机；其次，随着生活水平的提高，人们越来越追求健康、舒适的服饰，竹纤维本身属于朝阳产业，具有极大的发展空间和生命力，所以欧林雅拥有广阔的前景；那么，如果想把欧林雅做大、做强，我们还差什么，或者说还要如何去做？

我徘徊在湘江边上，望着不息的江水，梳理着我的思路。我看着远处渐行渐远的轮船，联想到自己二十多年商海沉浮的经历，忽然顿悟：我们还缺一套成熟的管理模式！

事实上，一套先进的管理经验必将为日后公司腾飞打下坚实的基础。只有适合的管理，才能成就出长青的基业。提及国内名企，我自然而然想到了海尔，想到了**“海尔之剑”——OEC管理模式**。他们的管理模式开创了先河，更为海尔赢得了良好的口碑以及一流的品质。

于是，在欧林雅成立初期，我便组织公司高层一起到海尔进行实地考察。初进海尔，我们就被深深地震撼了。这里的每个员工都彬彬有礼，每道程序都有条不紊，每个人都有明确的职责范围，整体显得十分严谨，却又相当和谐。

我十分庆幸海尔拥有如此宽广的胸怀，将自己几十年日积月累出来的经验和习惯无私分享给大家。站在“巨人”的肩膀上，我们怎么敢不进取？

从海尔归来，我就立志：欧林雅要做竹纤维行业的“海尔”！

我们从工作日志开始，以前是每天一张纸，后面慢慢变成一年一本。每一天都有记录，慢慢积累起来，现在记录手册早已经有了自己“单独”的房间，并且它的“休息室”还需要扩建。每次，看到那由一本本工作日志搭建的“宏伟建筑”，我都心声感慨：如此繁琐细微的工作，**欧林雅坚持了整整八年！细微之处方能展现企业的恒心！**

在追求品质的路上，没有最好只有更好，欧林雅在对品质的追求上，永远没有止境。为了提升产品品质管理，我们引进了PDCA质量管理。PDCA循环又叫质量环，是英语单词Plan（计划）、Do（执行）、Check（检查）和Action（处理）的第一个字母组合而成，PDCA循环就是按照这样的顺序进行质量管理。

可以说，欧林雅之所以有现在的成就，也是靠PDCA循环在执行检查中找问题、找契机，不断制订新的改进、提升方案，从而实现了企业管理水平和产品质量水平的稳步提升。

P（计划PLAN）：从问题的定义到行动计划；

D（执行 DO）：实施行动计划；

C（检查 CHECK）：评估结果；

A（处理 ACTION）：标准化和进一步推广。

二战后，戴明博士将 PDCA 的管理模式引入日本，日本才会在短短的时间里实现了经济腾飞。在质量管理过程中，始终以 PDCA 的标准，来建设欧林雅的样板店——公司每季度在全国专卖店中评选出业绩突出，店铺形象佳，管理、服务水平好的店铺作为区域市场样板，为当地其他加盟商作学习的榜样，以点带面，拉动整区业绩、形象和服务。

另外，我们还有评估手册，计划细化到每天、每周、每月，各个部门、个人的任务、职责都有明晰的规定。

在 2013 年第二十一届北京国际服装服饰博览会的时候，我们相关的评估手册就记录了一年来整个公司的全部工作。其中包括每个部门的工作内容、业务方向，以及员工的业务水平和学习目标。

有了这样明确的规定，所有的工作都不会遗漏。欧林雅成立了 8 年，这个习惯我们也坚持了 8 年。无论是从公司角度，还是个人角度，都有提升。

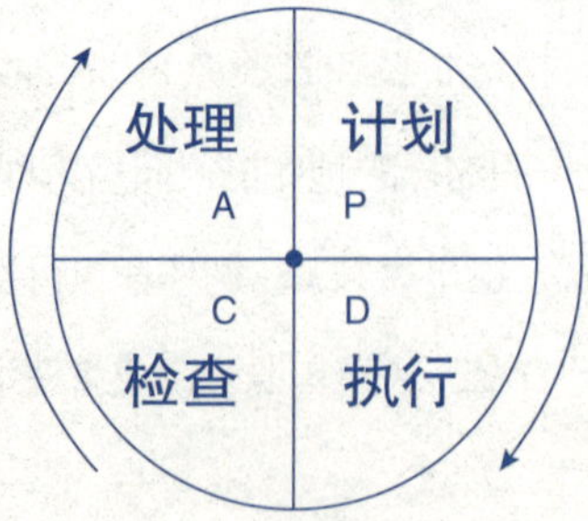

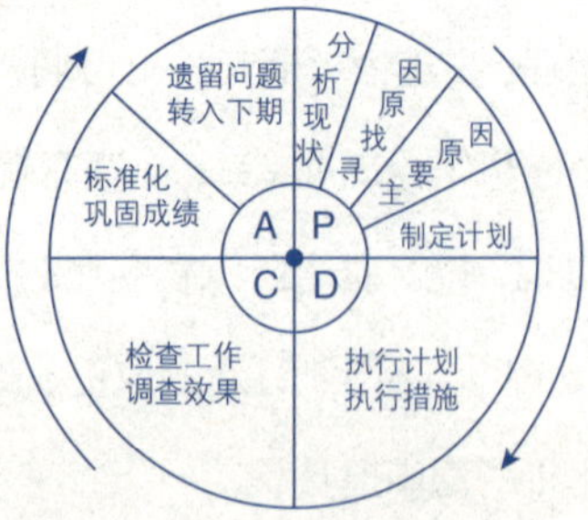

安全警钟时刻敲在欧林雅人心里

2011年7月23日，浙江温州境内，一声巨响震撼了全中国：动车追尾了！此次事故让几十个家庭瞬间破裂，直接经济损失高达2亿元！“动车追尾事件”震撼无数国人的心灵。当事故原因调查报告出来，结果让人痛心不已：当时处于雷雨天，火车信号指示灯遭受了雷击，导致了失灵，于是本该显示为红灯的区间信号机，却错误的显示绿色！导致火车高速行驶，两车相撞……

安全，品质的第一要素！

如果当初信号灯质量过关，怎么会有40条生命瞬间消失？血的代价告诉我们：品质，很多时候不仅仅关乎企业的生命，更影响了大众的切实利益。如此应慎重的大事，我们怎么敢掉以轻心？

我一直坚信的企业信念：**永远将产品安全放在第一位**。这是每个欧林雅人要融入骨血的东西，更是我们必须时刻铭记的。

在看到“动车追尾”报道之前，我一直自信欧林雅做得很好：无论是产品质量、还是综合服务，我们一直是行业的标杆。举例来说，都说水火无情，在预防火灾方面，我们每个月都会举行“库房消防演习”，风雨无阻。因此，我自认为在安全方面，我做好万全的措施了。

但是，当看到这则新闻之后，我除了痛心不已，更感到浑身冰凉：一个小小的信号灯带来了多大的损失！

我被震撼了！面对如此的人间惨剧，谁还敢说自己的安全措施做到了极致？根据调查结果，这种型号的信号失误率只有千分之一甚至万分之一，但是，就是这样的失误率却夺走了 40 条鲜活的生命！面对这样的安全缺陷，谁还敢问心无愧？

所以，要做，就要达到零缺陷，这才是安全保障的制胜法门！

我在想火灾预防如果不能做到万全的措施，那将是一个怎样的局面：几千人同时失业，多少人的心血会付之东流……想到此处，我后背直冒冷汗。于是，我拨了一个电话给秘书室，告诉他们没有重要的事情，谁也不要来打扰我。我要真正冷静下来，查找现在欧林雅安全的漏洞。先从“火灾预防”开始，对我们过去的做法和措施做重新思考。

“不要慌张！不要乱跑！走紧急通道！”

“小李，你用灭火器从侧面灭明火。小张，你打开消防栓，从正面用水控制火势……”

一片浓烟腾空而起，燃耗的火苗却越来越弱，直至完全熄灭，在场的人们脸上则扬起了笑容，这就是欧林雅每月都必须进行的“库房消防”演习现场。

但是，我现在要重新审视这其中的漏洞，首先是库房要增加预警系统，实行机器和人工同操作，双保险；其次，一旦出现火灾，除了仓库管理员，其他人很难第一时间发现情况，现场可以调动的人手就很少，因此必须增加保安对仓库的巡视；再次，要扩大演习范围，不能单一地培训仓库管理员，要让更多的一线员工投入到演习当中，这样万一有突发情况，欧林雅人都是实战人员。只有综合准备，面对意外状况，我们才能拥有足够的应对能力。

就是按照这样的思路，那晚我整整在办公室里待了一夜，因为**消防演习，火情预警是每个企业必备的“忧患意识”，而欧林雅必须做好防范，保障产品的安全，才能保障企业的生命！**

在第二天的会上，我将自己的建议书放到桌面上，里面涉及了消防演习、产品质量的抽检等各种安全防范措施，让大家共同参与完善，然后制定出更为合理、周全的安全规范。

一则新闻，增强了欧林雅的安全意识，完善了欧林雅的安保管理。因为没有一个有良心的企业敢将产品安全抛之脑后，我们的产品关乎着千家万户的利益，关乎着企业的命脉，更影响着我们的口碑。当年叱咤风云的三鹿集团，因为食品安全问题一夜倾覆，由此带给中国乳制品行业的影响至今尚未完全消除。

如此触目惊心的案例在眼前，时刻提醒我们面对质量问题要谨慎对待。我们制定行业标准，钻研技术难题，无一不是在为欧林雅的质量、品质负责！做有良心的企业，传承欧林雅品质的神话，这是我们永久的追求。

Chapter 4

第四章 品质之高，依赖于一流的团队

只有高品质的团队，才能打造一流的企业。让每个欧林雅人通过不间断的学习、培训，得到更大的发展，让企业变得更强，这是我们一直不变的追求。

携手打造“竹子王国”

当初，老傅一通电话，让我知道了竹纤维；经过一番长谈，让我对竹纤维产生了浓厚的兴趣；之后，一系列的考察和调研，我和老傅创立了欧林雅，携手打造“竹子王国”。

欧林雅成立之初，决定做竹纤维产品，我和老傅就“首款产品”的市场定位，做了详细的分析。这是欧林雅的“开山炮”，必须要一鸣惊人。于是，我们决定先分工搜集资料，然后再整合、归纳，寻找最佳产品定位。

于是，我们回到自己的办公室，开始了“奋战历程”。第二天早上，我和老傅在我的办公室碰面。尽管一夜未眠，我们却没有丝毫的睡意。

坐在办公桌对面的老傅递给我一份资料：“秋良，这是国内外衣着比例消费调查表，你先看一下。”

我也递给了他一份资料：“这是国内外家纺市场的调研结果。”

……

最后，我们将所有信息进行整合、分析，得出结论：

第一，我国家用纺织品的人均消费支出占衣着消费支出的7%，占全部消费支出比例的0.7%；而发达国家这两项支出基本持平。

第二，我国服装、家用、产业用纺织品的纤维消费量比例为52.5∶33∶14.5，而发达国家的比例为各占1/3。

第三，我国目前人均年毛巾消费水平为4条，而中等发达国家在15条以上。

我和老傅由此认知：有着超过13亿人口的中国家用纺织品市场，消费增长空间很大。其中毛巾的市场需求缺口最大，所以欧林雅的第一款产品就是毛巾。

我们立即付之行动，很快，第一批产品生产出来了，广告也做出去了，上门洽谈的客户不少，但是真正合作的却并不多。

这对于刚刚创建的企业来说，绝对不是一个好现象。因为，企业发展应该先汇集现金流，先求生存，才能谈发展。于是，我和老傅又坐到一起，商量如何为欧林雅赚到第一桶金。

我对老傅开门见山地说出了自己的想法："老傅，我觉得咱们整天坐在屋子里想是不行的，要走出去推销我们的产品。我们既然定位于中国竹纤维事业，就必须从小事做起。放眼全国，我们就先从长沙开始，想成为全国领先，就先要成为湖南领先。"

"秋良，你跟我想到一起去了。"老傅非常认同我的想法，"我也觉得，我们应该先从眼前着手。"

做出决定之后，我和老傅走到销售一线，想办法把我们的产品推销出去。当时我们先瞄准的是长沙的五星级酒店。到这里住酒店的人来自全国各地，而且以公司高管居多，如果能够让酒店用上欧林雅产品，既解决了欧林雅目前的困局，也是免费的广告。

然而，当我们找到酒店的采购经理时，他对我们的产品完全没有兴趣。即使是我提出先货后款的优惠条件，他的态度依然没有改变。

我和老傅有些失望地离开了酒店。走到门外的时候，我们发现酒店门口停放着一排高档汽车。于是，我们马上想到了另外一个办法：先打来一盆水，然后用欧林雅毛巾擦车。

两个西装革履的人擦车，这样的举动立刻引来很多的围观者。

这种情况很快就被酒店的董事长知道了，他将我们请进了他的办公室。

董事长笑着问我和老傅："你们两位看起来也是体面人，为什么跑去擦车呢？"

"我们希望能够让别人看到我们的产品，"我直言不讳地回答，"想让人直观地看到竹纤维产品的神奇之处。"

董事长打量着我们手里的毛巾，问道："就是你们手里的毛巾吗？它们有什么神奇之处啊？"

为了让董事长更直观地体验竹纤维产品，我们一行人来到了酒店的厨房。我们先用毛巾擦拭厨房的抽油烟机，然后再把毛巾放到清水里轻轻搓洗，不放任何洗涤剂，把水拧干之后，出现在大家面前的是干净如新的毛巾。

董事长立刻被竹纤维毛巾的神奇惊呆了，他叫来了采购部的经理，当场表示一次性买下两万条毛巾。

之后，就是用这个方法，我和老傅拜访了长沙所有的大型酒店。到2006年年终，成立仅仅六个月的欧林雅销售额就达到了数百万元，借助于广告和营销地推动，欧林雅迅速在业界崛起。

“洗毛巾”这一推广措施因此也成为欧林雅的“推广保留技艺”。现在，每次看到欧林雅人这样做推广活动，我内心总是感慨万千：无论做企业还是做人，都要常怀一颗感恩之心。任何一个产品，任何一家企业，都不是靠一个人创办起来的。对于老傅，我一直心存感激，作为欧林雅的创始人之一，没有他的帮助，欧林雅也走不到今天。可以说，欧林雅是我们携手创造出来的。

无论是在初期我们共同“敲定市场”，还是发展路上的“闭关造册”，或者是平日的“查漏补缺”，在我的身边，总可以看到老傅的身影。

为了“竹纤维王国”的梦想，我和老傅走到了一起，将曾经的同学情谊延伸为并肩协作的“战友情”；我们一起面对商海起伏；一起为了欧林雅的未来通宵达旦；一起面对危机筹谋划策；一起用心守护欧林雅的未来……

我相信未来的路，我们彼此依旧会相互扶持，欧林雅还会有无数个“老傅”和“秋良”，共同完成我们的生态竹纺梦想。而今，**“共进退，齐参与”已经成为了欧林雅的企业文化**，渗透到了每个欧林雅人的骨子里。

众人拾柴火焰高

2008年6月，我接到了一通让人非常激动的电话。打来电话的是当时还在远大集团就职的旷国章，在电话里，他告诉我："杨总，你上次跟我聊过以后，我想了很久，现在，我决定加入欧林雅。"

听到这个消息，我按捺不住内心的喜悦，说："国章，你放心吧！虽然欧林雅现在还无法和远大集团相比，但是欧林雅有着广阔的发展前景。"

"杨总，你放心吧！"旷国章在电话里对我说，"我一定不会辜负你的期望。"

"好的，那么，现在我给你两个选择：一是选择单独运作一个项目；二是先在欧林雅学习一段时间，再接手项目。"

电话那头的旷国章沉默了一会儿，对我说："杨总，对我来说，生态竹纺是一个全新的、陌生的领域，我觉得，我应该先学习。"

于是，我把旷国章安排在了营销总监助理的职位上。在欧林雅，营销总监助理是基础职位，之所以会这么做，就是希望旷国章能够一步步熟悉环境，一点点了解流程。

从远大集团来到欧林雅，对旷国章来说并不是一件简单的事情。我和他认识得很早，他从事大中型企业经营管理工作十几年，担任过多家国内知名企业的CEO，并先后出任远大集团营销副总和生产副总。

经过多年发展，远大集团的平台已经搭建成功，管理模式也已经成型。相比之下，欧林雅只是一个新兴的企业。但我依旧有信心说服他加入欧林雅。我相信，对于一个充满激情的人来说，没有什么比进入一家正在上升期的新企业更有挑战，更有成就感。

2008年4月，我给旷国章打了一个电话，认真和他谈了加入欧林雅的事情。5月，我们坐到一起，又聊起了欧林雅。虽说我们相识多年，却是第一次认真深入地聊到欧林雅。从竹纤维的市场预期，到加盟连锁的未来前景，我俩从下午一直聊到了凌晨。正是这次聊天，让我更加坚定了自己的想法：要让旷国章加入欧林雅。

此时的旷国章面对选择，承受着内部和外部的双重压力。毕竟他要离开成熟的大平台远大集团，选择加入还处于起步阶段的欧林雅。最终，旷国章顶住了各方面的压力，来到了欧林雅，从基层做起，一直做到了商品总监。

除了“引进来”的人才，欧林雅的发展，更多还是得益于企业自身成长起来的人才。

杨进是在2008年秋天来到欧林雅的，当时的公司实行扁平化管理，没有划分出大区，十几个省级经理最忙的时候要面对一个月80多个加盟商的加盟申请。

杨进先是做湖南市场，后来转战河北、天津、北京等地。2009年负责华东江苏区，2010年负责华中大区，2011年升任总监。

在公司，像杨进这样和企业一路走来的人不在少数。正是有了这些为这份事业默默付出的人，从2006年建立，到如今欧林雅取得的这么多的成绩，得益于每一个欧林雅人。

易江宁，一个近90后的小姑娘，却受到了欧林雅高层的一致肯定。很多人不理解为什么，因为她的身上集中体现了“实干”的品质。当年，她大学毕业，从普通的前台做起，后来因为出色的工作能力，踏实的态度被调入总经办做助理。之后，她的事业一路凯歌，而今，她负责电商业务，已经成为了欧林雅的一员“大将”。

当年，和易江宁同时进欧林雅的还有一个叫做陈敏的小姑娘，她进了旷国章的部门。半年之后，已经是小主管的陈敏却提出辞职。因为，有一家对手公司给出了她高于欧林雅几百元的工资，旷国章当时挽留她，但是小姑娘坚持选择工资多的公司，所以还是走了。

两个月之后，陈敏给旷国章打电话，想重回欧林雅，她意识到了欧林雅完善体制以及全套培训对未来的路更有帮助，旷国章立刻就同意了。事实上，欧林雅公司创办以来，有很多人离开了又回来，我们都会敞开大门，一个企业的管理者要有胸怀，这种胸怀不仅只针对企业内部的员工，凡是对企业有好处的，都可以包容、吸纳进来。

当易江宁踏实、勤奋的态度颇受上司和同事肯定的时候，重回公司的陈敏，却因为要跟男友“北上”，再次离开了欧林雅。

旷国章后来说：“有一天在网上，我碰到了陈敏，她和我说现在她后悔了，女人也应该有自己的事业。这恰好是她走前我和她说过的道理。”

言罢，旷国章说：“高层之所以肯定易江宁，因为她踏实的态度，选择了欧林雅，一直在努力工作，那么，欧林雅自然提供她腾飞的平台。她的实干品质正是当下年轻人所欠缺的，因此，我希望大家向她学习。”

是的，每一个企业都希望能够“不养闲人”，**只有实干的人才能创造出实干的企业，只有实干的企业才能创造出有品质的产品**。企业的根本是人的企业，产品品质的根本也是人的品质。事实上，在企业，真正的人才只有两种：一种是寻找出来的，一种是发现出来的。只有找到合适的管理者，创造出积极的企业氛围，品质自然就会得到提升。

传帮带，一对一

企业要发展，就要把团结的气息渗透到每个层面。只有众志一心，才能驾驭好企业这艘大船，才能保障我们一路顺风地走下去。

欧林雅基层的传承方式是“一对一的传帮带”。

记得在2009年，我和几位公司高管去生产车间查看刚上线的生产设备运行情况。走进车间，工人们正热火朝天地忙碌着，只有生产小组长过来，带我们去查看设备状况。

一群人站在了设备周围，操作员向我们讲解设备的使用程序。

这时候，后面的生产组长小声地问生产经理：“经理，这都什么年代了？欧林雅怎么还用传帮带这种‘江湖方式’传授技艺？”

我扭头看了一下，发现生产经理只是笑了笑，并没有说话。倒是站在经理身边的车间主任笑着拍了拍小组长的肩膀：“小伙子，你刚来，还年轻，多体验体验，你就知道我们为什么要用这种老掉牙的方式了。”

前面的几位高管和我闻听此言同时善意地笑了。

是的，在欧林雅，新员工进门之后，会有老员工“一对一”的辅导。事实上，很多人听到“传帮带”都有疑惑，为什么欧林雅引进了这么多套先进系统、专业设备，但是在技艺方面还用如此落后的方式？

在企业之中，设备或者系统永远是冷冰冰的，只有人是灵动的。我们要求新员工进来之后，老员工必须要“手把手”地教。这样不仅仅有助于新员工快速熟悉流程，更能让他们实地、实时感受欧林雅团队的魅力。

曾经，销售经理讲过这样一件事情：

一位刚刚进来的销售员，正好赶上第二天销售部要集体下市场，但是他的神情看上去颇为茫然。周围同事不解，询问他：“怎么了？”

他沮丧地回答：“我们以前面对的是集团客户，这种市场客户，我从来没接触过，怕明天出现状况我没法应付。”

同事则笑着说：“没事，你的顾虑不存在，明天会有师傅带着你。本来今天你们‘师徒’就该见面，但是他人有事不在。有状况，他会帮你搞定的。”

等到第二天，当区域经理说带着他去市场的时候，这位员工显得非常吃惊：“经理，他们说的师傅不会是你吧？”

区域经理开玩笑道：“是啊。怎么，怕我当你师傅不够格？”

新员工摇着头：“不是，没想到，你会亲自带我。”

区域经理拿起包，说：“走吧，我是经理，但更是一名老销售员。”

当他们回来的时候，同事问新员工的感想。他回道：“有‘师傅’带着就是不一样。这样可以在短时间内学会怎么和客户沟通，怎么做客勤维护，怎么做陈列，怎么做业务管理……”

在感知中领悟欧林雅团队精神，在领悟中迅速提升专业技能。事实上，这正是为什么欧林雅基层要采用“传帮带”的方式，他们要和客户沟通，最直接的感知才是他们最需要的，再先进的机器和系统也不能做到，而这些只有人能办到。

欧林雅成长手记

好的团队要培养，需要企业文化支撑。只有统一的方向，统一的思想，才能完成共同的梦想。

建造人才队伍，把员工当成企业的财富。这是企业的兴旺之道，也是企业腾飞的起点。

不能落下一个人

不能落下一个人！这是欧林雅拓展中的口号，更是欧林雅平日的行为准则。欧林雅是一个大家庭，不会允许任何人掉队。

欧林雅每年会有两次户外拓展活动，要求全体员工参与。借此，更好地培养员工协作精神，增强团队的凝聚力和沟通协调能力。

2012 年秋天，公司组织了驴友团，背着帐篷去爬武功山。当时，我们的路线是从后山爬到山顶，整个过程历时六个小时。

一路之上，大家发挥集体协作精神。男员工不仅要负责把帐篷扛上去，甚至某些女员工走不动了，他们还要肩负“背人”的工作。

由于武功山山形陡峭，道路极为崎岖，某些地方甚至可以说是悬崖峭壁。尤其是峡谷上的栈道，几乎只能容下一只脚，当我们穿过的时候，只能手拉着手，一点点挪过去，即使这样，到达山顶的时候，人依旧一个不少。

除了自己组织，公司还会找一些专门的培训机构，组织各部门员工活动，通过这种拓展训练提高员工的集体荣誉感。在活动当中，我们会设置一些比拼环节，赢得比赛会得到奖励，而输掉比赛的则会受到惩罚。这样，员工要培养自己的团队意识，意识到可能因为自己一个人的失误而导致团队的失败；团队也要意识到每个员工的重要性，任何一个员工的落后都可能给团队带来失败。员工要与团队紧密联系，团队也要兼顾每一个员工。

每一次拓展训练，我们都会设计有挑战性的项目，比如在12米高的地方有一个很窄的拓展平台，拓展平台上有一个跳板，中间有1.2米宽的空当，人必须爬到拓展平台上，然后跨过这个空当。在拓展平台上，没有任何可以扶着的东西。

之所以对这个项目印象深刻，源于老傅。

老傅有恐高症，这在欧林雅是众所周知的事情。所以，在他做这个项目的时候，我们都非常担心，集体为他“亮绿灯”，请他不要参加了。但是老傅为了团队的荣誉还是上去了，他说自己要给员工树立榜样。

当老傅站在平台上，迟迟不敢跨出去的时候，说实话，在下面的我真的很担心他。当时，虽然距离很远，但我依然看得出来，老傅其实很紧张。

这时候，和老傅同一团队的员工，开始在下面为他加油鼓劲：“傅总，加油！”“傅总，我们相信你！”……此起彼伏的加油声，终于让老傅鼓足了勇气，跨过了那个空当。

后来他告诉我，当迈出了那一步的时候，他就知道，自己的恐高症“痊愈”了。事实上，如果没有这次拓展训练，他可能永远也突破不了这种恐惧心理。但是在这次拓展训练中，团队帮助他渡过了这道难关，克服了这个心理障碍，所以老傅非常感谢他的团队。

事实上，我们不仅要在拓展中有这样的合作精神，更要将这种互助的精神渗透到日常工作中去。

欧林雅直营店以前有一位叫申翠玉的小姑娘，她的家庭情况不是特别好，生活得非常简朴。

有一次，她的店长发现她在过道上啃馒头，甚至连一袋榨菜都舍不得买。店长非常惊讶，了解到她的家庭情况以后，向公司反映了她的情况。

当时，得知这名员工的情况之后，我感到非常心痛。欧林雅的追求是要提高客户的生活品质，但是在此之前，如果我们连员工的生活品质都忽视，怎么还能将热情传递给客户？

于是，公司从申翠玉的特长出发，提升她的工作能力，还从细节方面帮助她解决生活困难。让人感到惊喜的是，她的学习能力非常出色，如今已经调到广东区担任省级经理。

关于这样的事例，在欧林雅公司还有很多。我总是觉得，企业要让员工感觉到温暖，不必去做“惊天动地”的事情，应该是润物细无声的、慢慢的影响。企业必须要给予员工足够的温暖和关怀。我不是一个善于表达情感的人，但我对员工的工作和生活一直都很关注，也经常提醒公司的中高层要多关注员工。

从上到下，不会落下一个人，这就是欧林雅的企业文化。从管理层开始，在我们的带动下，使得公司能够稳步发展。

人才储备，为欧林雅“造血”

想要成就事业必须要有人的参与，离开了人的参与，一切事业都无从谈起。为了让欧林雅内部有一个公平、公正的竞争环境，也为了让新鲜血液不断融入欧林雅，我们加强了对新员工入职的培训和考核，让欧林雅的每一个人都能够在一个公平、公正的环境里生活和工作。

一个企业，在造产品之前要先学会造人。从创立之初，欧林雅就十分重视人才队伍的培养。在这八年多的时间里，公司培养出了一大批优秀的行业人才。如今，许多人已成为企业的技术骨干，或已走上了领导岗位，肩负起了新产品、新技术的研发重任，对企业来说，他们是最重要的资产。

这么多年来，我体会较深的一点是，一个企业要发展，必须要有自己的核心技术，核心技术怎么来？不可能买的来，也不容易引进来，唯有依靠自己的人才。所以，欧林雅一直把人才队伍的培养作为企业优先发展的战略。

因为，没有一流的人才，就没有一流的产品，更没有一流的服务，那我们的品质之路就走不通，靠品质制胜就是一句空话。

为了营造良好的成长环境，公司着重提出以下几方面措施，确保企业人才队伍稳定，确保人尽其才，确保让优秀人才为产品品质保驾护航。

1. 加强对新员工的培训与考核

公司将对新员工考核的重点放在对企业文化的认同、对企业历程的宣导、职业规划的培训等几个方面。对新员工的考核，一般从笔试和面谈两部分进行，由各部门负责人组成面谈小组，针对不同的岗位进行相应的提问、评分、审核。通过入职培训，来降低员工的流失率，增强企业的稳定性，让员工熟知并适应工作流程，并展现清晰的职位蓝图告知公司对个人的期望。

2. 创建公平公正的晋升机制

为了给每一个员工都能够提供平等的竞争机会，公司不断完善员工晋升的考评机制，人力资源中心秉承着公开、公平、公正，逐级晋升的原则，以客观的态度，对员工的能力、技能、业务水平、业绩、综合素质等方面进行考核、考评。晋升时间每半年实施一次，在不定期的时间里，根据员工的具体表现晋升，名额始终控制在总人数的 5% 之内，以此来激励员工提高工作热情。

3. 打造学习型企业

为了创建学习型企业，欧林雅每月组织一次全体员工培训，以我讲授为主，重点推进课程有：《做一个成功的欧林雅人》《成功者的三大思维》《连锁制胜的五大关键》《二十一世纪三大核心管理》等，时间一般安排在晚上的两个小时，要求全员参加，以此来提高公司员工的凝聚力和向心力，营造一个真正的学习型的团队。

4. 加强户外拓展训练

公司每年举办两次户外拓展训练，全体员工参与，锤炼欧林雅团队的协作精神，增强团队的凝聚力和沟通协调能力，提高员工综合素质，全面发展个人能力，释放工作压力、改善工作状态。

欧林雅创办八年以来，始终以学习的心态来保持企业的稳步发展，以实力来保持企业的竞争力。

欧林雅公司的企业宗旨是：推动企业持续赢利，基业长青。“基业长青”，即希望欧林雅公司像四季常青的竹子一样，能够保持长久而又鲜活的生命力。每天，我都看着这个企业在发生着点点滴滴的变化，在内心里，我深藏着一个愿望：希望有更多的人参与到绿色环保的生态竹纺事业中来，和我们一起，创造一个新鲜、美好、充满热情和生命力的世界。

没有灵魂的人是行尸走肉，没有企业文化的企业只是作坊；以灵魂来指引前行，人会得到财富和幸福；以企业文化来指引发展，企业会得到机遇和生命力。我期望欧林雅能够像竹子一样节节拔高，也希望欧林雅公司具有竹子的气节和坚韧品质。在企业文化的指引和推动下，欧林雅近些年取得了一些成绩，但我们会戒骄戒躁，会更加夯实我们的企业文化，并创造更多的成绩。

展望未来，我们有信心打造一支高效、务实、专业的人才队伍，在最大限度激发员工潜能与才干的同时，也让企业与员工获得双赢，为欧林雅的品质之路奠定坚实的人才之基。

公平开放，执行学习

2009年，区域经理毛飞向我提出辞职。毛飞是和我们一起“打江山”的老同事了，我非常不舍：他从一名普通的员工走到今天区域经理的位置，凭的是认真的工作态度、对公司的热爱，所以我不舍。但是，对于他这样的选择，我也能理解：随着欧林雅的管理制度、操作流程越来越规范化，当初，一路走来的“老伙计们”虽然感到任务轻松了，但是，却总感觉以前的行事风格受到越来越多的“限制”。因此，我尊重他的选择。

毛飞走的那天，我将他送到了公司的停车场。当时，我们回望欧林雅的办公区，多少感慨齐上心头。

毛飞长叹一声，和我说道：“杨总，其实我不想走，我们从几间办公室一直到现在拥有了厂区和办公楼。但是，理念冲突让我不得不如此选择，我真心希望欧林雅越来越好。”

我拍拍他的肩膀："我懂，如果在外面感觉不适应，欧林雅随时欢迎你回来。"

他不语，打开车门，启动，然后从车窗中伸出手，和我道别。

滚动的车轮带起了尘土，心中感觉格外酸涩，虽然在企业之中，人员流动非常正常。但是，"如何减少老员工的流失率"的问题还是引起了我的深思。欧林雅日益强大，却为什么留不住"老伙计"？

"老伙计们"曾经撑起了欧林雅的蓝天，但是随着企业越做越大，管理越来越科学，很多的"老伙计"跟不上企业的发展脚步，自然就掉队了。因此，想要减少这种现象，就必须让员工懂得学习的重要，以适应企业和社会的发展。

我回到办公室，重新调整了欧林雅培训方向，进行"补短"。为某些有特定"缺陷"的员工开小灶，增强欧林雅团队的整体能力。

三个月后，这项政策收效卓越，老员工抱怨少了，流失率基本为零。当我得知毛飞在外面发展并不理想的时候，一个周五的晚上我给他打了一个电话："公司管理制度、操作流程都'科技化'了，我们也要'学习化'，更符合时代的要求。回来吧，培训完之后，你再定位欧林雅的理念，给公司一个机会，给自己一个机会。"

电话那头的毛飞沉吟了一下，说道："我考虑一下。"

周一，我在停车场见到了毛飞的车，我发自内心地笑了。

有了好的开始，欧林雅的学习体制越来越完善。

在 2011 年 6 月，我在长沙岳麓山召开了一年一度的干部会议，在会上提出了我酝酿已久的**欧林雅企业价值观：公平开放、执行学习**。

欧林雅公司将追求公平的竞争规则和严格的制度化管理，公平的利润分配和发展机遇。通过这次会议，我要传达给公司上下的理念其实只有一条："欧林雅是我们大家的欧林雅，企业发展的成果需要在公平开放的过程中分享。从今天开始，我决定拿出 30% 的股份，专门针对员工进行股权激励！"

最好的企业不是因为人的稳定而稳定，无论缺少谁，哪怕是我离开了欧林雅，欧林雅也能够正常运转，这才是真正的企业。而要让员工长期待在一个企业，首先要对这家企业有责任感，有主人翁精神，在无形之中就把个人命运与企业命运联系在一起。在一家企业工作多年的员工会对企业产生或多或少的感情，但是一个刚刚入职的人是不可能对企业产生深厚感情的，让一个人决定留在这家企业，首要的因素就是他能够看到可期的上升空间：只要有能力，就能够得到机会。

在欧林雅，学习永远是最重要的事，我们一直把提升人员的整体素质作为我们的战略任务，因为我们深知，只有人的品质才能决定企业的未来。

学习让企业更有生命力，只有不间断地学习，我们的企业才能不断进步。为了提升企业的品质，同时也为了更好地服务加盟商，公司于 2008 年 1 月成立商学院，这所学院也是业内首所专业聚焦竹纤维领域的企业商学院。

欧林雅商学院秉承"教学为先，修身为本"的教育理念，以团队学、系统学、常态学的教学方式，由专业技能过硬、实战经验丰富的精锐讲师团授课，我们的重点课程有《店铺经营之道》《成功的店铺销售技巧》《视觉营销——陈列基础》《产品黄金推荐法——FAB 提炼》《店铺管理——会员管理》等。

欧林雅的培训类型包括店铺赢利系统培训、终端区域店长述职会、新员工培训、外派学习培训分享等，通过这些培训，不仅提升了欧林雅全体员工的业务素质，同时也提高了加盟商的整体经营水平。

公司每年在各大区域组织大型加盟商、店长主题培训专场会，聘请国内知名实战专家进行自我管理、沟通管理、目标管理、销售管理、人员管理的培训，告诉所有加盟商，世上没有最好的方法，只有最适合的方法。

而且欧林雅学院课程中的案例，基本都是来自一线，培训之后，理论可以迅速“回归”一线，学以致用。学院老师有一个经典案例和大家分享：

欧林雅有一个叫艾春莲的加盟商，是一位单亲妈妈，一个女人撑起一个家非常不容易。在最初的时候，艾春莲开了一家理发店。但店内就只有她一个人照顾，感觉力不从心，经过考察，她选择了加盟欧林雅。

当时负责艾春莲加盟事宜的是李美珠，她是一名非常聪慧的 80 后女孩。艾春莲有一家超市店，曾经有一次，超市总监来考察市场，走进了艾春莲的店中，选中了两套欧林雅服饰。由于艾春莲平日受到超市照顾，所以很早之前她就想表达自己的谢意，但是一直没有机会。这次，总监过来买衣服，艾春莲给他打了最低的折扣。

事后，艾春莲问李美珠：“美珠，我有没有做错？当时，是不是免费更能表达出我的感激之情？”

当时美珠刚参加完培训，便“现学现卖”地回答：“艾姐，你做的非常好。如果你不收钱，总监一定不会要你的衣服；当时总监领着那么多人，如果不收钱，对双方影响都不好。但是，你可以借此机会，买份礼物送给总监，除了表达平日的感激之情，还谢谢总监对欧林雅产品的支持。”

之后，艾春莲便按照李美珠的方法去做了。两个月之后，总监到欧林雅加盟店来，说自己穿过欧林雅服饰了，品质非常好，以后所有超市分店对欧林雅加盟店都会开“绿灯”。与此同时，该总监还建议集团员工都体验欧林雅服饰。

除了培训，每月的28日，公司会组织一次中高层管理者读书研习会，由商学院重点打造，总经理主持。根据每个月提供的必读书籍，在读书会上，由部门负责人根据现行的工作内容，分享自己的看法及改进建议，由其他部门负责人提出相应的看法及修改、完善的意见，综合完善部门工作流程，提高工作效率。所以，为了搭建一个学习的平台，各部门人员会定期汇聚在一起，相互学习，互相帮忙以此来促进浓厚的学习风气，共同进步，使我们的企业在竞争激烈的环境下立于不败之地。

在欧林雅，我们一直把提升人员的整体素质作为我们的重要使命，因为只有人的品质的提升才能保障企业的品质。为此，公司派出近40多名销售一线精英，参加中研国际打造的《店铺精细化管理》和《公司化多店管理系统》课程，重新梳理现行店铺管理的流程和制度，制定详细的改进执行细则，然后在所有直营店铺试运行，直到将店铺精细化管理的成功经验推向全国所有店铺。

第五章　企业的品质，就是企业家的人品

Chapter 5

企业家的人品和企业的品质呈正比：企业家的人品愈正，企业的品质愈高。我终身践行的誓言：做有良心的企业家，用优秀的人品打造欧林雅高质量的品质！

欧林雅从诞生就是第一

一个数年未见的北方老朋友路过长沙，作为东道主，我请他品尝正宗的湘菜。

桌上，老友一边大呼辣得过瘾，一边猛灌白开水。他高兴地对我说："秋良，湖南真是一块人杰地灵的宝地啊。人都说一方水土养育一方人，的确有道理。你们湖南人喜欢吃辣椒，不同于四川的麻辣，你们是真正的辣，要做就要做极致，这才是你们湖南人的本质。所以，当年毛主席能从湖南单枪匹马走出去，凭一腔热血就开创了新中国大好河山。"

闻言，我感觉心中一下子亮堂起来，随即按下了老友手中的水杯，递给他一杯酒，说道："兄弟，冲你刚刚的话，咱们干一杯。"

老友放下了筷子，接过酒杯，和我碰了一下："干杯，但不是为了我的话，而是因为事情都是你们做的，我们为了湘潭人的特质干一杯。"

两杯相撞，"嘭"的一声，直入我的心田。或许，说者无心，听者有意。但是，正是老友的话解开我迷茫了两天的心结。

两天前，我的新员工要出差，正好在停车场遇到我："杨总，我今天听我们部门经理说，当初他随您打江山的第一天，您就将欧林雅定位为中国最好的竹纤维了？"

我回答道："是的，我对欧林雅品质的定位和创建欧林雅同步。"

他将手中的资料包放到后座，问我："杨总，来公司也有一段时间了，我绝对相信您第一时间为欧林雅做出的品质定位。我现在比较好奇的是，您为什么第一时间做出这样的定位？除了对品质严格的要求，最深刻的原因是什么？

员工的一句话唤醒了我很久以前的记忆：2006年于我来说，是人生中一个非常重要的年份。这一年，我和老傅凭借对竹纤维市场的信心，创办了欧林雅。和欧林雅成立同步的是我的志向，从成立欧林雅第一天开始，我就在心底立志：**要做就做中国最好的竹纤维**。

很多人知道我有这个"梦想"之后，第一反应就是：不切实际！毕竟2006年的欧林雅仅仅"蜗居"在湖南长沙劳动西路的一幢办公楼里。当时，公司成员除了我、老傅和宾静之外，仅有几名刚刚毕业的大学生。情景恰如《沙家浜》里的那段唱词："十几个人来七八条枪"。

说实话，我理解那些怀疑的目光、质疑的话语，但是，我绝不苟同他们的观点！**品质高低和企业大小没有关系，只要我们有信念、有规划，梦想蓝图一样可以实现！**

欧林雅最初的创业团队，几乎是由刚毕业的大学生组成的。面对着那一张张青春洋溢的面孔，我顿感肩上的担子沉甸甸的。他们都是刚刚步入社会的青年，每一张脸上都有着对未来的憧憬，每一颗心中都有一团激情之火。我在心中默默对自己说：如果不好好带领他们努力奋斗，怎么能为欧林雅、为欧林雅人赢得一个灿烂的未来？

我将自己的“雄心壮志”分享给大家：“别看今天的欧林雅家纺还很小，但是只要通过我们的努力，5年内，欧林雅企业营业额将会达到亿元产值，10年内，以欧林雅为代表的竹纤维服饰产业将会在资本市场上市。”

会后，有一个员工悄悄地问我：“杨总，你这个目标我感觉好像有点不靠谱……”

我询问他原因。

他说：“我们公司现在只有这么几张办公桌加十几个人，没一分钱收入，真能做到产值上亿吗？”听了员工的话，我知道，不止他一个人有这样的想法，可以说，当时整个团队里，除了我和老傅之外，几乎没有人敢相信我们的目标。

是的，当时的欧林雅，除了梦想之外，几乎一无所有。但是，我知道，目标越伟大，就越需要我们坚守。

当时，在公司里，一个人要干好几个人的活，经常是接完这部电话，就赶紧拿起另外一部电话。一天到晚不停地讲话，不停地给顾客介绍欧林雅的理念，一天工作下来，嗓子全是哑的，回到家里，腿如同灌了铅一样。

而且由于竹纺产品刚开始投产，经常出现质量不稳定的情况，为了保证产品质量，在我们给顾客发货之前，必须亲自检查质量。记得有一次，一批毛巾需要急着发货，但是有一些线头影响美观，为了确保产品质量，我们自己拿起剪刀剪线头。累得实在不行了，大家就轮流靠在办公室的沙发上睡一会儿；困得睁不开眼睛的时候，就用冷水洗一把脸继续干活，从头天晚上一直忙到第二天天亮。

创业的时候，条件非常艰苦，公司里一些员工虽然也表示说："为了生存下去，我们一定要拼尽全力。"但是，在这样的创业环境下，还是不断有人掉队。越是困难，就越考验我们意志。为了节约培训成本，星期天我们也不能休息，自己动手做课件，给销售人员和加盟商上课，可以说，欧林雅第一批销售人员和加盟商，都是我手把手带出来的。

现实面前，难免会有一部分员工产生悲观情绪，他们认为："公司这么小，干到什么时候才能有起色？"尽管我每天都在会上强调理想，却很难取得全体员工的认同。几个月之后，不断有员工离职。

在一次晨会上，我对那些没有离开的员工讲："被困难吓跑的人，都是不能跟欧林雅一起分享未来的人。在座的各位一定会见证欧林雅发展成一家伟大公司的那一天！"

话说出去了，我就要为这个话负责。一个领导者要让你的团队成员看到希望，这个希望不仅仅要说出来，更要做出来。

2006年，欧林雅的竹纤维服饰作为当时的新鲜事物被各大媒体报道后不久，就迎来了第一批前来考察的合作者。同年8月，湖南岳阳第一家连锁店开业，接下来，湖南株洲第一个总代理也开始运作。到了2007年年初，欧林雅已经有了30多家代理加盟商，全年销售额也冲破了千万元大关。

初战告捷，这也是考验企业领导人是否诚实守信的关键时刻，我要兑现当初对员工们许下的承诺，欧林雅要给每一位跟随欧林雅一路走过来的同仁一个证明自己能力、实现自身抱负的舞台。在这个时期，我们提拔了第一批部门经理，这些人都是跟随我们一起走过艰苦岁月的普通员工，企业的这一举动让大家看到了留在欧林雅是有前途的，更增加了他们的归属感。

随着欧林雅企业不断发展壮大，我们自己培养了一大批对企业高度认同、与公司目标一致的人才。因为，欧林雅的使命是做中国的百年品牌，为了实现这个梦想，仅凭我和老傅两个人的努力是远远不够的，需要有更多自己培养或者招聘的人才加入我们的团队当中，将欧林雅的事业当成自己的毕生事业，只有这样，我们的企业才能不断发展。

欧林雅成长手记

如果认为品质的决定权在于金钱，在于权势，在于技巧，那么企业注定走不长久，企业家也难以有大的作为。所以，企业的品质是企业家人品的写照，这是颠扑不破的真理。

维护好欧林雅就是为社会尽责

2008年8月9日，窗外是淅沥沥的雨，屋内，则是一场"小型茶话会"。

我从茶桶中取出茶叶，放入壶中，加入开水，开始慢慢洗茶，屋中始终洋溢着茶香。

温馨而简单的一个场景，源自市场总监和公关总监的建议："杨总，还有两个小时下班，我们已经提前去秘书处咨询了一下你的行程，晚上也没有商业安排，不如你请我们喝个茶？咱们聊聊天？"

我不禁一笑，看来他们知道我办公室新收藏了一套茶具。

茶香四溢的时刻，市场总监问我："杨总，怎样做才算尽到了最大的社会责任？"

我洗茶的动作一滞，不禁反问道："为什么这么问？什么事情又引发了你的感慨？"

"也没什么，我只是看到新闻上那些企业家出席活动，总是在谈论社会责任的问题。我多少有点感触，看着他们或者做公益，或者扛起某些特定责任，我就一直在探究，企业究竟做到什么地步，才算真正尽到了社会责任？”

我并未答话，眼睛盯着从壶里倾泻而出的茶水，脑海中却构思着我的答案。当茶杯被水填满的时候，我亮出了自己的观点：“企业最大的社会责任，就是维护好自己的品牌。”

显然，如此“风马牛不相及”的答案，出乎了两位总监的意料。

我端起茶杯，抿了一口，茶香顿时充满口腔。放下茶杯，我才慢慢道来：“企业，做好自己才是第一要务。算上加盟商，我们肩上挑着几千人的口粮，也就是关乎着几千个家庭的幸福。我们要保证欧林雅的品质，这份社会责任可不轻，更不能掉以轻心。”

“是啊，几千人的饭碗啊，怎么敢不小心。”市场总监喟叹一声。然后，屋中长久的沉默，唯有茶水的热气在袅袅升起。

国家兴亡，匹夫有责，社会责任是每一个有操守的企业必须承担的。一个拥有几百人的企业，如果做不好以社会责任为己任，那么如何用真心赢得几百人的人心。管理好企业，就是尽自己最大的能力，做到承担社会责任。

有一次，运营总监来给我送报告的时候，随口和我说道：“杨总，你说为什么好人没好报呢？”

我随口答道：“什么事情让你发出这样的感慨？”

从运营总监口中得知：在欧林雅加盟运营中心有一名叫王勇的员工，自从 2008 年进入欧林雅之后，工作一直积极勤奋，业务成绩非常突出。王勇曾经连续三个月业绩排名第一，多次获得“销售明星”的荣誉称号。提及工作能力，无论是公司领导还是周围同事都对王勇赞赏不已。

但是，命运和他开了一个玩笑：当家里的生活越来越好的时候，他的妻子却受不住外界的诱惑离家出走，同时还带走了家里所有的积蓄和贵重物品。

所谓“祸不单行”，就在妻子离家5年杳无音信的时候，王勇的母亲被医院诊断出直肠癌晚期。王勇家里本身就只有“高堂老母，年幼稚子”，而今，这样的消息对于这个风雨飘摇的家庭来说无异于晴天霹雳。高额的住院费和化疗费让这个七尺男儿整日眉头紧锁，再也不见往昔的笑容。

运营总监陈述完事情之后，随即感慨：“杨总，您说生活这不是将好人往绝路上逼吗？”

我听闻之后，蹙着眉头道：“生活可以将王勇往绝路上逼，但是欧林雅不能。”

于是，我和老傅起身赶往王勇母亲所住的医院——湘潭市中心医院，探望老人家。同时，除了花篮和水果，我们还带去了欧林雅的一点心意：30000元现金。同时，我们告诉老人家，好好养病，有什么困难，欧林雅都是王勇的依靠。

王勇的孝心没有阻挡住病魔的脚步，经过一段时间的治疗，他的母亲最后还是不幸离世。得知这个消息，公司第一时间派人派车，帮忙处理他母亲的丧事，并送去了安葬费50000元。后来，听参加葬礼的同事说，在母亲的丧礼上，王勇感动地流下热泪，他说欧林雅是他的再生父母，他一定会好好工作来回报公司，回报大家对他的帮助和关怀。

其实，我之所以这么做，当时并没有什么想法，只是图一个“让老人走的安心，让活着的人有希望的生活”，仅此而已。

后来，公司又从王勇孩子“上学路远”的实际困难出发，由欧林雅出面帮助他联系了相关的学校，安排他的孩子到学校住宿，这样让王勇在出差的时候没有了后顾之忧。

我一直秉承**“安顿好每个欧林雅人就是尽到最大社会责任”**的原则。只有把每一个欧林雅人放在心上，经营好欧林雅这个“小家”，才能维护好社会这个大家庭。如果社会每一个单位都能做好自己，那么整个社会的责任就会均摊，呈现和谐、欣欣向荣的景象。

目光锁定欧林雅人

一个企业的命脉由什么决定？

我的答案：人心。

如何让企业基业长青？

我的答案：维护好人心。

我并没有夸张，多年的从商经历，让我早就明白了一个道理：**人心的向背，决定着企业的品质！更决定着企业的命脉！**

2008年，在公司发展最为迅猛的时候，欧林雅销售总监“离家”出走，并且鼓动几位公司高管同时离职。他们“自立门户”，打电话联系欧林雅的客户，开始了和欧林雅打“擂台赛”的生涯。

当时，欧林雅商学院才成立不久，公司上下正处于一片“歌舞升平”之中。几名高管集体辞职，打了我一个措手不及。由于事情发生的过于突然，导致欧林雅上下不安，公司集体“大动荡”。对于一个发展中的企业来说，如此大范围的高管辞职犹如釜底抽薪，如果控制不好可能引发地震似的连锁反应。

当这件事情发生以后，我马上推掉了计划好的出差行程，天天留守在公司总部，一步也不敢离开。事实上，我也在不断反思：辞职离开的欧林雅高管，都是跟随着我和老傅一起创业的伙伴，于公于私，平时关系都非常融洽，但是，为什么他们还是“集体出走”了？如果说有一两个人辞职离开，还可以理解，但是，现在发生了这种情况，欧林雅肯定有问题。这种群体性辞职显然是计划好的，如此措手不及的难题，成了自欧林雅成立以来的最大难题。

我在焦灼的状态下，随手翻开了《论语》，正好翻到了《学而篇》：“吾日三省吾身——为人谋而不忠乎？与朋友交而不信乎？传不习乎？”看到此，我恍然大悟，要从自身找原因，从欧林雅身上找根源。之后，我几天几夜没有休息，从欧林雅的管理模式入手，思考着人在企业中的位置，企业在市场中的位置。

之后，在公司会议上，我改革了公司陈旧的制度，完善了企业的不足之处，更是改进了员工制度。当欧林雅挺过来的时候，我在心中只有庆幸：这次的人员变动没有给欧林雅带来致命打击，给了我“亡羊补牢”的机会。

在这场“人事风波”平息之后，我召集剩下的中高层开会。在公司会议之上，公司的其他高管都劝我：“杨总，欧林雅怎么养出这群‘白眼狼’！他们现在拼命地联系欧林雅的客户，说是给他们极低的价格，还说可以免费使用样品。幸好我们的客户都有品牌忠诚度，而且他们的生产、质检、管理都跟不上，所以根本没有人相信他们。也没有客户为了眼前这蝇头小利放弃和欧林雅的长久合作。”

市场部经理甚至拍桌而起：“和咱们对着干，太过分了！居然用‘复制’

的欧林雅来和我们‘打擂’，我平生最不齿这种人了。我现在就回办公室，制定出详细的‘作战方案’，我要让他们知道一下什么叫真正的商业战。”说完，站起身来就要走。

我赶忙拦住了他，对他说：“算了吧，我们不要针对他，一个刚刚成立的小公司挺不容易的，欧林雅各方面都优于他们，他们也算不上我们的竞争对手，我们何必为了一口气去故意打压他们。事实上，这件事情说明欧林雅在维护人心方面做得还不够，制度方面也有需要完善之处，这是我们的不足之处。而我们的客户没有流失，说明他们对欧林雅的前景很有信心，我们必须做好自己，坚持下去，这样才有长久的未来。”

市场经理闻言，露出了一副吃惊的样子：“杨总，我没听错吧，你从这件事情中找到我们的优缺点，这点我信服。但是，明知道是他们侵犯我们的权益在先，你不打压就算了，还为他们说话。任何一个企业，都不能避免员工的流失，这完全是他们人品的问题。”

我随即一笑：“是，所以经过这次风波之后，我们更要维护好欧林雅，降低流失率。**我的目光只会锁定欧林雅人，不会被其他人所累**。”

在经历过这次风波以后，我也有所领悟，是我平时忙于工作，疏忽了与大家的交流。于是，我特地抽出一整天时间跟大家谈心，深入地了解了大家的想法后，我决定对公司进行股份制改造，对于有重大贡献的员工，我拿出股份进行激励，这一举措得到了大家的认可，最终很好地解决了人才流失的问题。

如果说我在欧林雅的大家庭中充当着“严父”的形象，那么老傅则更多地扮演者一个“慈母”的角色。

他总是以身作则，通过自己的行为来影响着其他同事的言行。曾经，在欧林雅广为流传的一句话是：“在欧林雅，傅总是‘第一人’！”

这个“第一”源自在欧林雅成立前半年，下班后公司最后一个离开的是傅总；而到了第二天早上，不管你来多早，第一个看到的人也是傅总。

当时，公司上下集体感慨：“傅总，真的是将公司当成了家。”这样的“家人”我怎么能不心怀感激，目光随影。

在欧林雅成立初期，老傅经常几个月不回家。甚至，在他的“带动”下，“卖给公司”成为了一种“时尚”。至少，我就曾经连续两个月没有休息，因为，我的“家人”在拼命，我怎敢落后!

我记得欧林雅成立初期，由于员工不多，在忙的时候，搬运货物，经常是“集体出动”，这其中带头的就是老傅。那年的八月十五，合家团圆的日子，老傅却把公司发给他的月饼分给大家吃了。事后，员工和我描述这件事情的时候，眼里含着泪水。时至今日，我依旧记得员工的话：“杨总，有几个企业的副总会陪我们在劳动中过节，把自己的福利分给大家？”

这句话我一直记得，不敢忘，也不能忘。**我永远感激为欧林雅真诚付出的每一位“家人”！**

这样的例子还有很多。商品中心总监旷国章以前在大中型企业从事管理工作十几年，曾经担任远大集团营销副总和生产副总，更是担任过国内知名企业的CEO，于2008年加入欧林雅。尽管有大企业的工作背景，但是旷国章到了欧林雅以后，很快就融入了欧林雅的企业氛围。

用商品中心员工的话说：“旷总没有一丝一毫的领导架子，很多事情都会亲力亲为，一点也不介意和员工一起工作。”

欧林雅在没有引入WMS仓储系统之前，每逢订货会，整个公司都会非常忙，尤其是商品中心，他们经常工作到凌晨两三点钟。

每每半夜看到商品中心的灯依旧亮着，我就知道：旷国章又在带领他的团队加班。我内心充满了感激之情，更为他们感到心疼。于是，我不惜花费“大价钱”引进了 WMS 仓储系统，终于可以让大家正常上下班。碰到订货会期间，也无须再熬到深夜，最多忙到晚上九十点钟，还可以轮换调休。

欧林雅是我一手创建起来的，它对我来说，就像是我的孩子。我希望欧林雅能够茁壮成长，也希望在欧林雅工作的每一个人都能够得到成长和提升。我心里最美好的期冀，莫过于公司里的每一个人都能在这里过得愉快，我们一起经历风雨和波折，一起品尝收获的甘甜。欧林雅不只是我一个人的公司，也是大家的公司，属于每一个管理者、每一个员工和每一个客户。

正是有了老傅和旷国章这样把公司当“家”的高层，欧林雅才有今天，才有如此的向心力，才创建了今天“竹纤维标杆”的品质。

你们的进步，是对我最大的褒奖

中国自改革开放以来，大大小小的企业如雨后春笋般出现在了神州大地上。与此同时，各种管理经验、带兵秘笈也开始“漫天飞舞”，让人眼花缭乱。

在一个商业酒会上，碰到一位熟悉的老总，我们端着酒在角落里闲聊，无意中提及了这种现象。他问我：“杨总，您的管理理念是什么？相对于如今强调的人性化管理，我更推崇‘铁血政策’。”

我闻言不解：“为什么？人性化管理是时代的进步，更是未来管理的方向。为什么你这么不信任？”

老总踌躇了一下：“其实也不是不信任这种理念，只是感觉这样公司付出的多了，操心的多了，哪里像现在这样简单，你付出劳动，我给你工资，其余的任何事情，都不在我的考虑之内。我认为这是最简单有效的带兵方式。”

说到这里，这个老总像忽然想起什么一样，瞪大眼睛说：“杨总，你别告诉我，你信奉人性化管理？”

对于他如此惊诧的态度，我感觉有点委屈：“我哪点做的不好？为什么让你感觉这么不像奉行‘人性化管理’的人？”

这个老总抬头望了望会场中间的人群，沉思了一下才说：“你平日的形象和举止给我的错觉吧，总感觉你是一个雷厉风行的人，当年敢凭敏锐的市场目光和无畏的勇气，闯出竹纤维今天的局面。直白地说，你在大家心中是一个敢闯敢拼的血性汉子，那些‘怀柔政策’出现在你身上让人挺意外的。”

我抿了一口酒，笑道：“你经商多年，阅人无数，怎么还这么说？这可不像你平日的风格。”

他随之也笑了：“估计是平时听多了别人这样评价你，不说你的员工，仅仅是你的中层管理者我接触过好几次，他们都评价你平日太严肃了，不用说，你的气势已经让人产生这样的错觉了。所以不光我，大家一直认为你是‘慈不带兵’最好的践行者。”

我和他碰了一下杯：“事实恰恰相反，我是最信奉人性化管理政策的。欧林雅作为一个大团队，团队里的每一个人都是我的兄弟，我要尽力照顾好他们。”

老总笑道：“我明白，但是，你的话容易让人认为是台面话。”

把每个欧林雅人当兄弟，这其实是我的真实想法。我要把欧林雅打造成一个充满活力的团队，不能只想着公司的业绩却忽视员工的成长。

2010年，在欧林雅公司年会上，有一对特殊的“客人”，他们是业绩冠军杨宁的父母。在年度颁奖表彰大会上，我亲手把一块纯金的奖牌挂在了杨宁的脖子上，犒劳他一年的辛苦付出。另外，公司还奖励他一万元现金，让他带父母“国内三日游”。

当主持人说明了这笔资金的用途之后，杨宁和他父母同时落泪，杨宁在台上发言：“我没有想到公司会有这种关怀政策，真的，以后我一定更努力工作，同时也会好好孝顺父母。”

事实上，这笔“专款”是我特批的，用意就在于，提醒每个欧林雅人永远不能忽视家人。即使你事业再成功，哪怕你是冠军，也不能忽视关爱你的家人。

杨宁的父母也感动地说道：“感谢欧林雅对杨宁的栽培，还这么关心他的生活。让儿子在这样的公司工作，我们做父母的一百个支持。”

当时，面对欧林雅的全体员工，我说道：“看到杨宁，也就看到了每个辛勤付出的欧林雅人。今天，我为冠军挂金牌，为的就是让每个欧林雅人更有动力。这是事业的辉煌点，更是一次人生的起点。在未来，希望我们再创佳绩。”

而后，我面向杨宁的父母说道：“谢谢你们，谢谢你们培养出了这么优秀的儿子，谢谢你们对他工作的支持。这三天就让杨宁带你们到处转转，弥补一下他平日对你们的亏欠。”

之后，我面向台下感慨道：“看到杨宁的父母，就看到了我们每个人的家人，正是有了他们的大力支持，欧林雅才有今天的成绩。我不要求欧林雅人多么优秀，但你们一定要懂得感恩家人，懂得珍惜生活中每个关心你、爱护你的人。只有懂得感恩，才会懂得给予爱。”

闻言，台下掌声响成一片。

人性化管理，让欧林雅更充满“人情味”。事实上，整个欧林雅的中高层都在贯彻这样的做法。

在欧林雅客服部有个叫彭敏志的女孩子。她平时为人低调，一直默默努力工作。小姑娘当时刚毕业没多久，还没有男朋友。但是，在她生日的那天，却意外地收到了一大束玫瑰花。

当彭敏志收到玫瑰的时候，非常惊喜：是谁送的花？一整天，彭敏志都非常高兴，没有哪一个女孩子不喜欢玫瑰花。

下班时，一个大蛋糕出现在她的面前，客服部集体向彭敏志喊道："祝你生日快乐！"原来，这是客服经理私下安排的，为的就是制造"出其不意"的效果。

后来，据客服部的人描述，当时不光彭敏志，整个客服部都被那种气氛

八年欧林雅，永远团结心

所感动了。其实，这正是我心中的欧林雅，这才是一个充满温馨的大家庭，我希望欧林雅的每个人提及公司都感到幸福。在这里，我希望他们收获的不仅仅是一份薪水，而是个人能力的极大提升。

欧林雅财务总监蔡清萍在刚进欧林雅的时候，就是一名普通的大学毕业生。她来到欧林雅之后，先从公司最基层的文员做起，工作一直很努力。后来，她的主管发现小姑娘非常聪明，一点就透，于是，便建议公司送她去培训。回来之后，就提升她的职位。就这样形成了一个循环：表现突出——培训——提升。几年的时间，公司根据她的表现，先后送她参加了数十次大大小小的培训，她的职位也在一路上升，现在已经成为了欧林雅的财务总监。

后来，在中高层某次“谈话会”的时候，她的一番感言让我深有触动。当时，她说：“事实上，欧林雅带给我的不仅仅是职位的提升，更是形成了某种习惯，提升了我的眼界。在进欧林雅之前，我属于早上起床被老妈催好几遍的人，但是进公司几年来，我一次都没有迟到过。这种现象放在以前的我身上简直无法想象。

还有，我记得上次去参加李践的培训，在做总结的时候，我看到一位 40 多岁的男学员还和我们这帮年轻人一起上课，心里多多少少有轻视的意思。但是，后来杨总的一句‘你为什么不看对方长处’点醒了我。当时，我一个小小的部门主管面对一个公司总值几千万的人，居然没有看到他的可取之处，还私下取笑人家。古人云‘三人行必有我师’，但是我却没有做到这点。所以，杨总的话不仅提升了我的层面，更打开了我的人生格局。”

当时，雷鸣般的掌声响彻办公室，我的眼睛有些湿润：我没想到自己的一句话带给她这么大的感触，也正是这种学习能力，才让她可以从文员走到总监的位置。在这世上恐怕没有什么事情，比看着欧林雅的员工迅速成长更令我高兴的了。

我一直坚信：**无论你处于什么职位，只要为欧林雅诚心付出，欧林雅必将为你提供全方位的回报**。因为，我视每个欧林雅人如兄弟，携手并肩，谱写最美的未来。

第六章 欧林雅：品性十『竹』节节高

Chapter 6

竹，四君子之一，外形纤弱，品格高洁。品质，欧林雅的『竹性』，有了它，欧林雅就有了夯实的地基；守护它，欧林雅就能建造『生态大厦』；延伸它，欧林雅就能节节攀升，一路飘红。

关注客户未来，品质成就“黑马”

改革开放30年，中国发生了翻天覆地的变化。我们用了短短30年的时间，走完了资本主义国家100多年的路程。所以，现今每次政府会议都会强调“坚持改革开放”的原则。

如果说改革开放让中国成为了世界发展史上的“黑马”，那么，**企业成为行业黑马的奥秘就在于：品质！**欧林雅，就是借助高品质的“东风”，迅速成为竹纤维行业的“黑马”。

欧林雅在华中有一位叫小孔的客户，在湖北恩施土家族苗族自治州下辖的巴东县开了一家欧林雅门店。经过了前期的店长培训，以及欧林雅的“驻店辅助销售”等措施，加盟店开始逐渐营利。当时欧林雅负责湖北省的业务员小唐积极跟进，配合巴东县的实际情形，和小孔一起制订出了具体的销售措施，之后，加盟店的生意越来越好，业绩一直在稳步上升。

当时，小唐往巴东县以及其附近城市跑得特别勤，他不单单是去转转，还做出了明晰的市场考察方案。当小唐又一次来到小孔店中的时候，孔大姐打趣小唐：“难道其他地方的加盟店没有事情了？你又来巴东了。”

小唐笑笑：“孔姐，其实我最近来的这么频繁是有私心的。您看您这个店经营状况良好，有没有考虑再增开一两家。”

小孔听到小唐的话，感叹了一声：“想是想啊，但是巴东就这么大，再开一家恐怕难以维持。”

小唐急忙说：“孔姐，我的意思是让你到别的地方去开，譬如恩施自治州的州府恩施市……”

小孔直接打断小唐的话：“想都别想，你这是想坑你孔姐吧。你是这一带的业务员，应该比谁都清楚，恩施市那个地方，多少人想在那里开店，但是去一个倒一个，我比别人多长一双手，你把我往那个地方赶？”

“我不是那个意思”，小唐急切地说：“我是根据实际情况来的……”

“甭说了，这事没商量，我肯定不去那儿开店。”小孔斩钉截铁地说道。说完，转身收拾货架去了。

小唐见状，只好悻悻地走了。但是，小唐并没有灰心，他先是去了一趟恩施市做考察，后来回到了公司。一周之后，他带着市场部的两个同事，同赴恩施市，经过更加认真的调研、考察，然后赶到了巴东县。

这次，小孔看到小唐直接问：“你不会还让我到恩施开店吧？”

小唐这次并没有直接劝说，而是先把数次恩施市的市场调研表给了小孔，说道：“孔姐，您先看看我这段时间持续做的几份调查表，我是真的感觉这个市场适合您来做。并不是为了业绩，来您这‘空手套白狼’。”

小孔本来就有继续开店的想法，拿过资料后看得格外仔细。当资料看完的时候，她已经不再排斥恩施的市场了，但是依旧感到疑惑："那么多人都没做起来，你凭什么相信我有这个能力？"

这时候，两位市场人员递给了小孔一份资料，里面详细记录了小孔的性格、经营方式、销售方法以及和恩施市场的匹配度，市场人员还拿出了他们当天刚刚做的调研报告，说："孔姐，小唐真不是空穴来风，而是暗中观察了你许久，从你的具体情况出发，制定出了这一系列的报告，公司也是根据报告才派我们做进一步的调研，您真的不用有那么多顾虑。"

看到报告的时候，小孔非常吃惊，因为她自己都没对市场、行事风格做过那么深入的调查。她沉思了一下说："我先考虑考虑。"

随后，市场专员专门递给了小孔一个记录本，"这里面是前几次欧林雅加盟店落脚恩施市失败的调研结果，您再结合小唐给您做的分析斟酌一下。"

这次，小孔没有任何犹豫地答应了。

之后的数日，两位市场专员先是到了恩施市选好了址，然后让小唐带着小孔"实地考察"；然后，欧林雅公司又根据当地实际情况，在公司政策、货物配置、经营销售方面进行恰当的辅助。

2013年，小孔终于走出了巴东县，在恩施市开办了欧林雅门店。果然，她把在巴东县的成功也带到了恩施市，如今已经开设了两家门店，欧林雅也成功地在恩施市站住了脚。

这个事例后来被市场部经理在全公司宣传，因为它很好地践行了欧林雅**"急客户之所急，想客户之所想"**的原则。我们不仅关注加盟商的现在，还为加盟商的未来出谋划策。所以，欧林雅才能赢得客户信任，才能在市场中占有一席之地，成为加盟界的"黑马"。

好的企业品质就如一杯好酒，凭的是耐心，经得住时间的考验。

20世纪50年代，连锁经营模式率先在美国兴起，麦当劳、肯德基正是利用这种新兴的经营模式迅速成长起来的。但是，当中国改革开放之后，肯德基进入中国的第一件事情并不是“遍地开花”，忙着“圈地运动”，而是：种土豆！

当时，肯德基的这一举措让无数人大跌眼镜。众所周知，肯德基的标准非常严格，薯条的形状和大小都是统一的，土豆的标准自然也马虎不得。他们开始寻找适合的土地，寻找合作伙伴，培训专业的种土豆技巧，制定土豆的标准，然后培育“肯德基土豆”。为了肯德基的品质，他们从细节出发，从点滴出发，一丝一毫不敢马虎。

就这样，几年的时间过去了，当肯德基有了这些基础之后，在中国发展极为迅速，并且在短时间内就赢得了大众的信赖，成为了连锁店中的“黑马”。

正所谓“磨刀不误砍柴工”，为了品质，付出时间和精力是必须的，只有这样，企业才能从行业中脱颖而出，才能赢得最后的胜利。

上下齐心，力可断金

我一直为欧林雅的团队感到骄傲。8年的时间，一路走来，没有强大的团队，我们不可能有今天的成绩。

举世闻名的美国海军陆战队，一直被视为美军中的精锐之师，这支队伍有一个特点，就是要求每一个成员必须“毫无保留地服从”，如果没有服从精神，部队就没有纪律，没有纪律的军队就没有战斗力。

团结就是力量。

2013年的夏天，古城长沙骄阳似火，根据报道，这是长沙有史以来最热的一个夏天。当时，42℃以上的高温持续了3天以上。人们都躲在空调房中，拼命汲取着凉气，唯恐被“热浪”波及。但是欧林雅的年轻人们却反其道而行之，认为这是一次难得的锻炼团队的好机会。

于是，运营中心决定策划一场户外促销推广活动。在开始策划的时候，大家明确分工：制定目标、策划口号、构思暗语、规定时限、比拼程序、奖惩要求、宣传、服装，各司其职。

他们要用自己的实践证明：**欧林雅的团队是一支特别能战斗的队伍**。

烈日之下，促销活动拉开了序幕：在场的每个欧林雅人激情四射，有的大声吆喝，有的跳舞，吸引了很多顾客。大家共同挑战极限，渴了就喝一口矿泉水，饿了就在摊位上吃一个盒饭……

夜幕降临，这些年轻的勇士仍然热情不减，他们的热情感染了路人，每天都能卖出 3 万多元的业绩。

夏天，天气阴晴不定，傍晚的时候，乌云从天边涌起，狂风仿佛要把大树连根拔起，我们的勇士齐心协力紧紧地拽住帐篷，努力对抗着风雨，一直坚

户外促销活动

持到雨过天晴。当时的那个场面令一旁观摩的我热泪盈眶。只有我自己知道，那一刻，我内心多庆幸欧林雅有一支如此强大的团队。

三天四夜的时间过去了，他们的业绩惊人，他们的精神更感人。他们身上的那份热情征服了路人，更赢得了欧林雅所有中高层的敬意。

经过这次活动，大家紧紧地凝结在了一起。从最开始互不了解、彼此不认同到团结一心、亲如家人，这就是团队精神。这种精神正是欧林雅所需要的。

活动虽然结束了，但是它的影响远远不止于此。后来，欧林雅推出了一系列交流平台，如QQ群、微信群、每个月的分享会，利用各自成功案例的阐述让彼此在集体中得到锤炼与成长。

他们用自己的行动彰显了团队的活力，更诠释了成员自强不息的奋斗精神。**一个企业的成长，离不开一支强有力的团队——每个人都全力以赴地努力，有着铁一样的纪律。**

每年两次的新品订货会是欧林雅的惯例，这不仅是公司向广大消费者和加盟商展示新产品的时机，同时还是检验我们战斗力的关键时刻。因为，每逢订货会，展厅面积、搭建时间、陈列效果、订货效率等环节都不容大意。

2013年9月，2014年春夏新品全国加盟商的订货会拉开了帷幕。为了把订货会开成一个让加盟商满意的展会，商品总监旷国章做了大量的前期准备工作。他先列出了订货会的许多问题，如会场和展厅场地选择在哪里？面积应该用多大？如何减少布展时间，增加订货时间？如何快速引导加盟商提高订货效率？如何调动所有员工做转场工作？……

然后，他将自2010年以来历届订货会的资料全部找出来，逐一进行分析对比，找出加盟商提出的不足之处，同时分析问题的共同点，反复绘制会场布局图、展厅布局图，设计会议总流程图，分析预测时间节点和改进方案的可行性，最终经组委会的多次修改，确认了一个大胆的方案：会议时间从原来的三天两晚缩减为一天一晚，展会就用300多平方米的会场，利用中午休息时间进行订货展厅的货架搭建和产品陈列的布置。

这套方案一出，立刻引起了一片哗然，很多员工都认为这套方案简直就是天方夜谭，是不可能实现的。很多人来给我打“预防针”：“杨总，旷总监的方案根本不可能实现，您千万别批准。”

当旷国章带着新方案找到我的时候，我对他说的第一句话就是：“有信心吗？我这两天耳朵都要被磨出茧子了。”

旷国章自信地笑了：“没问题。”然后，将方案递给了我。

我看过方案，手指敲着办公桌，沉思了一会：“就这么办吧。”

我有幸目睹了旷总监的“点将大会”：他先是根据预计参会人数，对会场各场次的座位和场地进行安排，并将各会场的转场时间精细化到每分钟，将所有公司员工在各时间节点的不同职责分配到位。另外，他还要求，在会议开始前的一周，必须组织三次全体工作人员进行会场布置和订货会展厅布置的流程演练彩排，保证所有流程和环节均高效顺畅。

强令之下，效果显著。根据现场人员汇报：在展会前一天，所需的物料和产品就已经在会议的候场区准备就绪，大至货柜、地台、产品等的准备，细到货架编号、定位线、一颗螺丝钉、一根扎带等。同时，公司的员工分配也打破部门间的局限，重新组合进行定员定岗分配，准备就绪。

订货会当天中午，上午的T台秀刚一结束，会场广播中传出“全体工作人员留下”的指令，然后开始了正式的展厅布置。所有人员按既定的流程和分工进行操作，现场听不到任何的议论、争论声，只有广播中传出一声声的指令：

“欧林雅女员工和酒店员工负责所有椅子撤到会场两侧”

“品牌中心员工负责灯光和舞台地毯的撤场”

“所有欧林雅男员工两人一组负责将舞台板撤出会场”

“16个男士两人一组，负责第一块地台的定位”

“女员工两人一组负责接地台”

“陈列负责人两人一组将陈列产品按架上货”

“工程部员工负责货架的最后固定”

“最后整理检查所有陈列产品序号和效果”

……

“我们的展厅布置完成！”

随着指挥口令，在短短15分钟之内，就完成了300平方米展厅的布置任务！好团队就是生产力，可以这样说，如此“神速”创造了行业第一！正是有了执行力如此强的团队，才有了欧林雅如此骄人的成绩。

这就是欧林雅，上下同心，荣耀共享。

遍地生竹，共同繁盛

品牌是企业的无形载体，需要企业精心维护。

欧林雅在成立初期，定位在了服饰行业。但是，伴随着市场竞争的白热化，中国服装企业的利润空间不断被挤压，服装企业的日子也越来越难熬。

一个企业若想在激烈的市场竞争中求得生存与发展，除了不断地提高管理水平和经营能力，更要适应市场的快速变化。

虽然欧林雅创办的时间不长，无法与国内那些大的服装企业相比，但我们有自己的特色。首先，欧林雅的面料以科技含量较高的竹纺面料为主；其次，竹纤维服饰的特点使得欧林雅的产品具有绝对的优势；再次，我们缔造了与众不同的品牌优势，使欧林雅与那些国内一线的服装品牌展开差异化竞争。

事实上，光有“特色”还不够，想要迅速发展，还要有明确的目标市场。

我是湘潭人，最欣赏的领袖人物就是毛泽东。因此，《毛泽东选集》也就成了我必备的案头书。某次，我阅读到毛泽东1945年12月28日，为中共中央起草的给东北局《建立巩固的东北根据地》指示时，及时提出了把东北的工作重心放在距离国民党占领中心较远的城市和广大乡村，这个重要决策后来被概括为“让开大路，占领两厢”的战略方针。

看到此处，我豁然开朗：为什么很多企业会越做越难做？

因为，我们虽然在口头上都说“以消费者的需要为中心”，但还是习惯以自己的角度去主观臆断消费者的需求，对消费者真正的心理并不了解，所以，导致市场越来越小，生意越来越难做。

但是，当我看到毛泽东给东北局的指示是“把工作重心放在距离国民党占领中心较远的城市和广大乡村”之后，我的脑海中闪过一个灵感的火花，如果将服装行业比喻成“中心城市”的话，那么，一直不被人重视的竹纤维服饰则是一片没有太多激烈竞争的蓝海。我对欧林雅加盟连锁的理解就是先“建立巩固的根据地”，再发动群众，逐步积累力量。

“大路”是指竞争激烈的北京、上海、深圳、广州等特大城市以及一些省会城市，“两厢”就是二三线市场，主要是全国各中等城市、县及乡镇。这些地方人口众多，消费者收入水平与北京、上海、深圳以及一些省会城市相比，有一定的差距。

对于二三线市场而言，一线市场的消费者喜欢时尚而张扬的产品，而二三线市场的消费者更加务实，更加重视产品的舒适度和保健性能。

人口基数庞大，收入水平相对较低，但消费者群体相对稳定，因此，欧林雅看中了二三线市场这块巨大的“奶酪”。

事实证明，欧林雅的决策是正确的，加盟商在二三线城市都取得了不俗的业绩。在众多家居服饰产品中，能够真正称得上“健康”“环保”的屈指可数。某些产品采用化纤材料制成，无论从环保的角度看，还是从健康的角度来看，都差强人意。因此，一种既环保又绿色可靠的家居服饰产品的诞生就迫在眉睫。

欧林雅竹纤维服饰正是顺应了这一潮流，凭借高雅的设计、精湛的工艺、高贵的品质，以其时尚健康、绿色环保的立意，避开传统家纺服饰的恶性竞争，独辟蹊径，顺利地敲开了竹纤维市场的大门，成为竹纤维行业的一支生力军。

现在，欧林雅已经走过了 8 年的发展之路，任何一个民族品牌的发展，都是岁月沉淀的结果，没有时间的沉淀，品牌就不会形成它自己独特的内涵。

联姻韩国舒蔓莎
搭乘内衣“时尚快车”

“杨总，现在欧林雅已经站在竹纤维的最前沿了。但是就整个服饰行业来说，我们还有需要提升的地方。”2012 年的一天，老傅跟我说道。

“我很认可你的说法。如果从欧林雅的定位来看，我们已经做得不错了，但要从整个市场的角度来看，我认为我们还留了一大块空白。”

“是的，我们欧林雅主要面对追求健康品质的人群，但还有一大部分年轻人，他们更加关注时尚和舒适，我认为我们的竹纤维服饰只要植入时尚元素，是完全能满足他们需求的。这不但是对欧林雅市场的互补，而且对我们扩大市场份额也有很明显的效果。”

“这也正是我一直思索的问题，欧林雅绝不能困在这个局里！但是，我

舒蔓莎店面

观察了国内很多快时尚品牌，说实话，很多热卖的产品技术并不成熟，我还是担心影响品质啊。”

“国内不行，我们不妨去国外看看。”

我让总经办的同事帮我留意最近的国际时尚服饰展，三个小时后，总经办的同事告诉我，5 天后韩国有一场国际内衣服饰展，不但有亚洲时尚的服饰品牌，还邀请了很多欧美国际品牌参会，是一场含金量很高的展会。

于是，2012 年 8 月，我动身前去韩国，出席了这场时尚内衣专业展会。

在展会上，优秀的品牌很多，但大多数都是化工纤维原料制成，尤其是欧美品牌，这跟我的初衷不符。突然一个韩国的内衣品牌进入了我的视线，这个叫舒曼莎的品牌与欧林雅有着惊人的相似，那就是它特别推崇植物纤维，应用不同的植物纤维材质来制作各类精美的内衣，运用分子力学原理，已经实现了无束缚优美塑形。如果欧林雅和舒曼莎可以合作，那么强强联手之下，势必会引领全球内衣的一次变革！

机遇可遇而不可求。

我立即让秘书推掉了原本定好的回程机票，决定亲自去舒曼莎公司，洽谈关于合作的事情。听闻我们的来意并了解了欧林雅在竹纤维服饰行业的一系列成就后，舒蔓莎的社长表示出极大的兴趣，他说，韩国文化跟中国一脉相承，竹文化在韩国也有着非常高的人气，只是韩国的竹纤维原料技术比较陈旧，一直没有解决起球的问题，韩国国内也没有公司去专门做这方面的研究。所以，为了不影响内衣的美观，他们只好忍痛放弃了竹纤维这一优质的原料，没想到这个难题被中国同行攻克了，这让他们感到很惊讶。

基于双方对竹纤维内衣市场潜力的共同认知，我们双方的初次会面非常愉快，也基本确定了合作意向。

于是，欧林雅正式引进韩国“舒曼莎”品牌。我相信：这场合作，不仅将会为欧林雅品牌注入新的生命活力，更会引领中国内衣界的一场伟大革命和全新商机。

2015年，当春天的脚步降临大地时，舒蔓莎的品牌亦会亮相中国，成为街头最为抢眼的一道靓丽风景！

打造未来的竹纺帝国

一日，去朋友家做客，客厅里，他的儿子正在看电影频道播放的《十面埋伏》。

朋友端过来一盘水果，问我：“秋良，你心中的欧林雅未来是个什么样子？”

我不经意看到电视中的画面，指着那片引人入胜的竹林说：“那样的。”

朋友扭头看了一眼电视，表情很是疑惑：“什么意思？”

我笑着回答：“我要建立竹纺帝国。虽然我不知道有生之年是不是可以实现这个梦想，但这是我毕生奋斗的方向。”

事实上，当初选择生态竹纺这个产业，我就是看重了它的绿色环保、健康舒适的特点。在环境问题日益严重的今天，生态产品对世界有着至关重要的意义。

当年我去台湾考察竹纺纤维服饰的时候，专门去了一趟台北故宫博物院，去参观中华文明最杰出的代表作。

地处台北的阳明山是一个山清水秀、风景如画的地方，闻名遐迩的台北故宫博物院就坐落在山脚下。这里珍品荟萃，是一座举世闻名的艺术宝库。在台北故宫博物院参观的时候，有一幅画深深地吸引了我的目光。画上一丛轻盈的竹子随风飘拂，观画如同面对翠绿的竹林，让人顿觉心旷神怡。这幅画的作者是王绂，王绂字孟端，是明代早期著名的山水画家，王绂一生以竹为友，他笔下的竹子潇洒简约，意态飞扬，竹叶用浓墨渲染，竹枝则用淡墨勾勒，别具清爽之神韵，让人如入清幽之境。突出了竹子在中国传统文化中的气质，更是让我紧绷的神经得到了放松。

身为中国民营企业家的一员，面对市场经济的大潮，我正在思索方向。是竹子给了我信心，告诉我做企业必须要像竹子一样拥有顽强的生命力，有一种不畏严寒和重压的岁寒精神。在实现中国梦的这个时代，我们必须抓住百年一遇的大好时机，坚定信念，将个人强烈的渴望以及企业狠抓品质的决心发挥到极致，只有这样才能改变自身命运，打造我们这一代人的精神气质——中国民营企业顽强的生命力，完成心中的蓝图。

欧林雅创业之初，也曾遇到过很多困难。但是，无论如何，我们坚持做竹纺帝国的信念不变。在艰苦的条件下，我们没日没夜地苦干，欧林雅最初创业的几个人都有“拼命三郎”的精神，没有节假日，也没有星期天，大家几乎住在公司里，几乎时时处在工作状态之中。我们背水一战，不给自己留任何退路，当时的欧林雅人只有一个信念，那就是狠抓品质，决不放松。只有这样自己才能赢得企业的生机，才能获得发展的空间。

创业不易，守业更难。当欧林雅的品牌步入高速发展时期时，我需要更加冷静地思考品牌未来的发展。平时我很喜欢太极拳，我认为它不仅是一项健身运动，更是一种古朴的智慧和哲学。一个人在黑白分明的世界里，不断体会着生命的本质，宇宙混沌，大地苍茫，我们每一个人从生到死，生命的轨迹也是一个圆形，人只有尊重自然、敬畏自然，才能自然和谐相处。

我们欧林雅的事业也是如此，必须遵循人与自然、品牌与社会的和谐相处之道。就是实现自然的循环。当首都的天空雾霾日益严重，当全中国的水源、空气都出现了“品质危机”，欧林雅更坚定了自己的信念：**打造竹纺帝国，还未来一片绿色**。

附录一

欧林雅国家专利图表

欧林雅产品专利明细

专利号（著作权登记号）	专利权（著作权）人	专利（著作）名称	发明人
Zl2010101371119	杨秋良	竹纤维领域中的抗起球的竹纤维纺织制品及其制备方法	杨秋良
Zl2011300652483	傅泽星	服装（FJ011）	傅泽星
Zl2011300652106	傅泽星	服装（FD015）	傅泽星
Zl2011300652479	傅泽星	服装（FJ022）	傅泽星
Zl2011300652089	傅泽星	服装（FT012）	傅泽星
Zl2011300652464	傅泽星	服装（FJ013）	傅泽星
Zl2011300652093	傅泽星	服装（FJ030）	傅泽星
Zl2011300652074	傅泽星	服装（FT021）	傅泽星
Zl2009300906393	傅泽星	竹纺 T 恤	傅泽星
Zl2010201117999	傅泽星	功能竹纺文胸	傅泽星
Zl2009200639679	傅泽星	抗菌毛巾	傅泽星
Zl2009200639664	傅泽星	抗菌内裤	傅泽星
Zl2009200639700	傅泽星	抗菌透气袜	傅泽星
Zl2011203861860	傅泽星	一种长裤	傅泽星

专利号（著作权登记号）	专利权（著作权）人	专利（著作）名称	发明人
Zl2011203861767	傅泽星	一种单衣	傅泽星
Zl2011203861786	傅泽星	一种内裤	傅泽星
Zl2011203861875	傅泽星	一种内衣	傅泽星
Zl2010201117965	傅泽星	竹纺家居服	傅泽星
Zl2009200639698	傅泽星	竹纺美体塑身内衣	傅泽星
Zl2012203815829	傅泽星	中腿提臀内裤	傅泽星
Zl2012203813611	傅泽星	分段收窄单衣	傅泽星
Zl2012203812110	傅泽星	功能褶单衣	傅泽星
2011-F-040819	傅泽星	生态竹纺内裤（NV015）	傅泽星
2011-F-040824	傅泽星	生态服饰包装盒深色竹叶封面	傅泽星
2011-F-040823	傅泽星	生态服饰包装盒浅色竹叶封面	傅泽星
2011-F-040822	傅泽星	生态服饰包装盒条纹灰封面	傅泽星
2011-F-040821	傅泽星	生态服饰包装盒条纹蓝封面	傅泽星
2011-F-040820	傅泽星	生态竹纺吊带背心包装盒封面	傅泽星
2011- F040818	傅泽星	生态竹纺内裤（NV003）	傅泽星
2011- F040817	傅泽星	生态竹纺内衣（NW005）	傅泽星
2011- F040816	傅泽星	生态竹纺内衣（NW012）	傅泽星

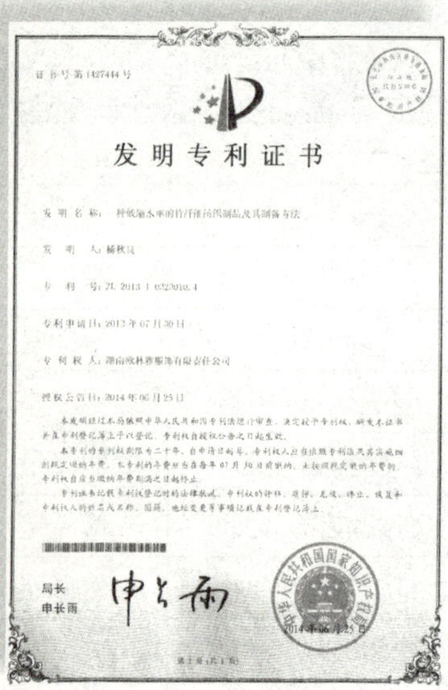
证书号第1427444号

发明专利证书

发明名称：一种低缩水率的竹纤维纺织制品及其制备方法

发明人：杨秋良

专利号：ZL 2013 1 0323010.4

专利申请日：2013年07月30日

专利权人：湖南欧林雅服饰有限责任公司

授权公告日：2014年06月25日

局长 申长雨

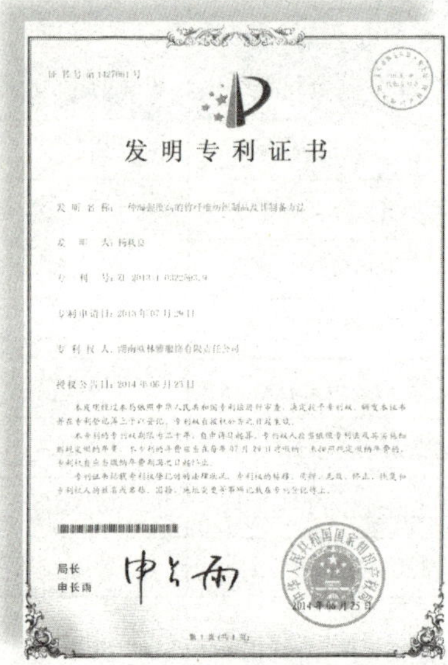
发明专利证书

发明人：杨秋良

专利申请日：2013年07月29日

专利权人：湖南欧林雅服饰有限责任公司

授权公告日：2014年06月25日

局长 申长雨

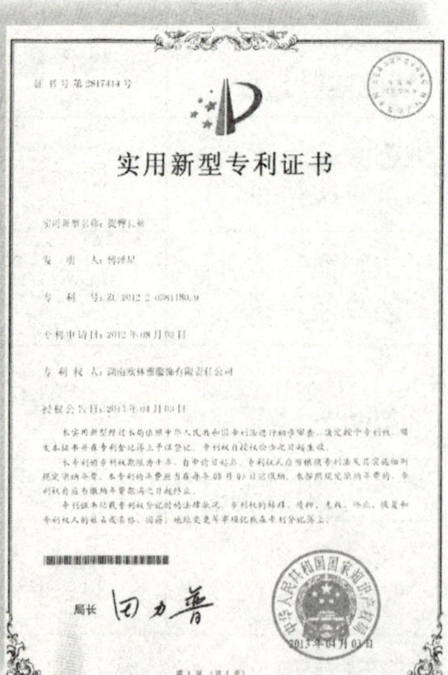
证书号第2817414号

实用新型专利证书

实用新型名称：提臀长裤

专利号：ZL 2012 2 0381180.9

专利申请日：2012年08月03日

专利权人：湖南欧林雅服饰有限责任公司

授权公告日：2013年04月03日

局长 田力普

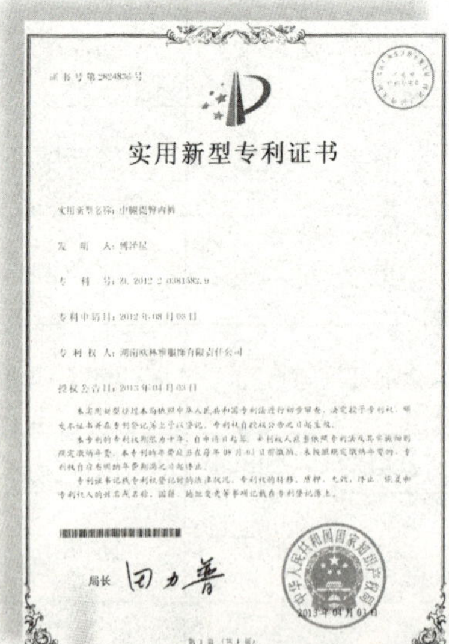
证书号第2824836号

实用新型专利证书

实用新型名称：中腰提臀内裤

专利号：ZL 2012 2 0381582.9

专利申请日：2012年08月03日

专利权人：湖南欧林雅服饰有限责任公司

授权公告日：2013年04月03日

局长 田力普

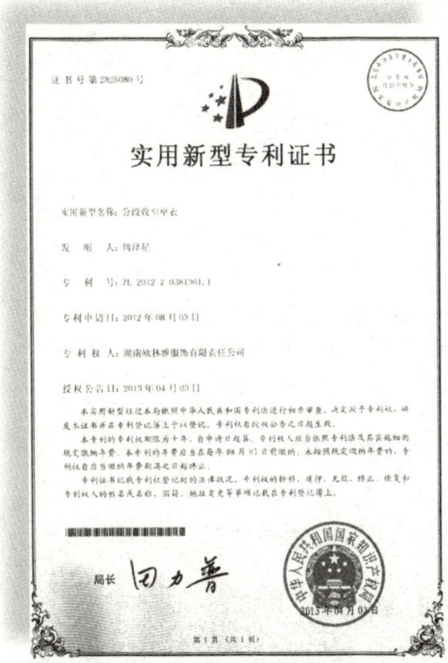
证书号第2826080号

实用新型专利证书

实用新型名称：分段收窄单衣

发　明　人：傅泽星

专　利　号：ZL 2012 2 0381361.1

专利申请日：2012年08月03日

专 利 权 人：湖南欧林雅服饰有限责任公司

授权公告日：2013年04月03日

本实用新型经过本局依照中华人民共和国专利法进行初步审查，决定授予专利权，颁发本证书并在专利登记簿上予以登记。专利权自授权公告之日起生效。

本专利的专利权期限为十年，自申请日起算。专利权人应当依照专利法及其实施细则规定缴纳年费。本专利的年费应当在每年08月03日前缴纳。未按照规定缴纳年费的，专利权自应当缴纳年费期满之日起终止。

专利证书记载专利权登记时的法律状况。专利权的转移、质押、无效、终止、恢复和专利权人的姓名或名称、国籍、地址变更等事项记载在专利登记簿上。

局长　田力普

2013年04月03日

第1页（共1页）

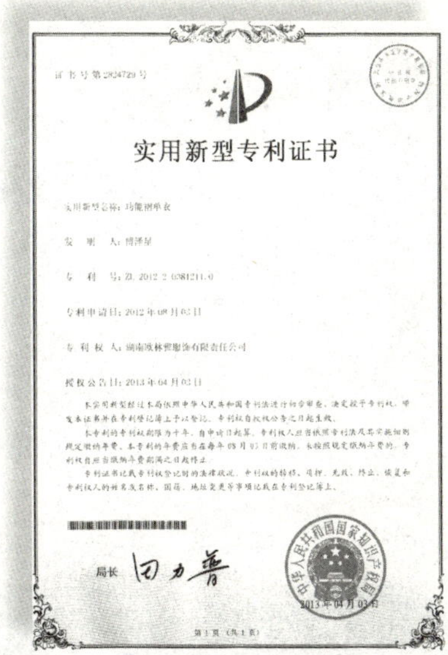
证书号第2824729号

实用新型专利证书

实用新型名称：功能型单衣

发　明　人：傅泽星

专　利　号：ZL 2012 2 0381211.0

专利申请日：2012年08月03日

专 利 权 人：湖南欧林雅服饰有限责任公司

授权公告日：2013年04月03日

本实用新型经过本局依照中华人民共和国专利法进行初步审查，决定授予专利权，颁发本证书并在专利登记簿上予以登记。专利权自授权公告之日起生效。

本专利的专利权期限为十年，自申请日起算。专利权人应当依照专利法及其实施细则规定缴纳年费。本专利的年费应当在每年08月03日前缴纳。未按照规定缴纳年费的，专利权自应当缴纳年费期满之日起终止。

专利证书记载专利权登记时的法律状况。专利权的转移、质押、无效、终止、恢复和专利权人的姓名或名称、国籍、地址变更等事项记载在专利登记簿上。

局长　田力普

2013年04月03日

第1页（共1页）

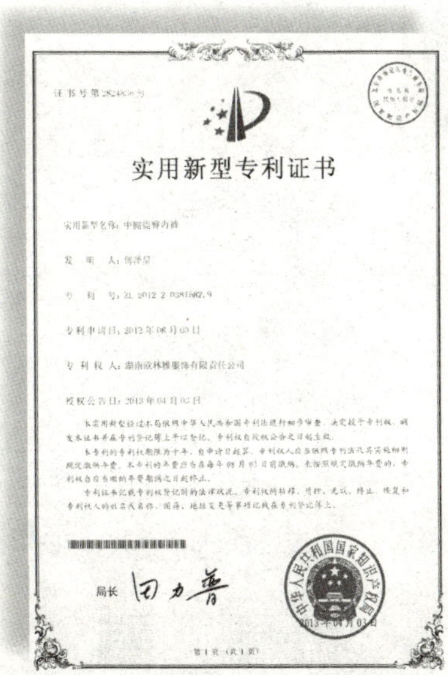
证书号第2824836号

实用新型专利证书

实用新型名称：中腰提臀内裤

发　明　人：傅泽星

专　利　号：ZL 2012 2 0381682.9

专利申请日：2012年08月03日

专 利 权 人：湖南欧林雅服饰有限责任公司

授权公告日：2013年04月03日

本实用新型经过本局依照中华人民共和国专利法进行初步审查，决定授予专利权，颁发本证书并在专利登记簿上予以登记。专利权自授权公告之日起生效。

本专利的专利权期限为十年，自申请日起算。专利权人应当依照专利法及其实施细则规定缴纳年费。本专利的年费应当在每年08月03日前缴纳。未按照规定缴纳年费的，专利权自应当缴纳年费期满之日起终止。

专利证书记载专利权登记时的法律状况。专利权的转移、质押、无效、终止、恢复和专利权人的姓名或名称、国籍、地址变更等事项记载在专利登记簿上。

局长　田力普

2013年04月03日

第1页（共1页）

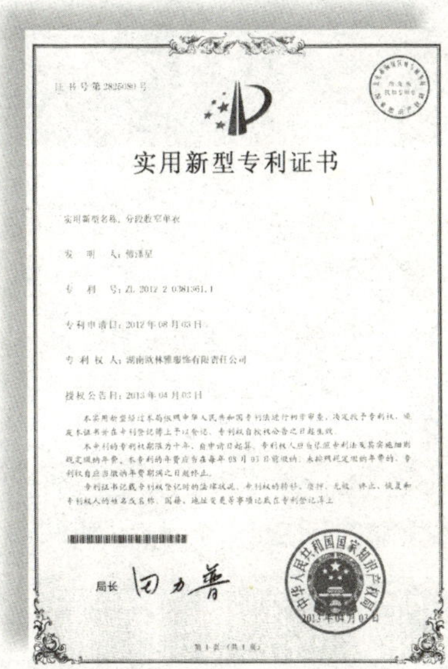
证书号第2825080号

实用新型专利证书

实用新型名称：分段收窄单衣

发　明　人：傅泽星

专　利　号：ZL 2012 2 0381361.1

专利申请日：2012年08月03日

专 利 权 人：湖南欧林雅服饰有限责任公司

授权公告日：2013年04月03日

本实用新型经过本局依照中华人民共和国专利法进行初步审查，决定授予专利权，颁发本证书并在专利登记簿上予以登记。专利权自授权公告之日起生效。

本专利的专利权期限为十年，自申请日起算。专利权人应当依照专利法及其实施细则规定缴纳年费。本专利的年费应当在每年08月03日前缴纳。未按照规定缴纳年费的，专利权自应当缴纳年费期满之日起终止。

专利证书记载专利权登记时的法律状况。专利权的转移、质押、无效、终止、恢复和专利权人的姓名或名称、国籍、地址变更等事项记载在专利登记簿上。

局长　田力普

2013年04月03日

第1页（共1页）

附录二

加盟商的梦想从欧林雅起飞

1. 广东惠州李元英多店公司化经营模式

惠州加盟商李元英，多年以前从事美容连锁经营，但是因为行业竞争激烈，她始终在寻找一片可以实现人生梦想的蓝海。

2006 年，她和老公到长沙出差。晚上，他们在长沙人民路上逛街时，突然发现了一家欧林雅的专卖店。当时，竹纺产品还是比较新潮的，李元英怀着一种好奇的心理，买了一些产品。用了之后，发现产品质量不错，穿过的袜子也没有臭味。

后来，她又一次来长沙，给老公买了几件竹纤维 T 恤，老公穿了之后，感觉非常的舒适。这个时候，恰好她在寻求转行，经过几番认真考察，她将目标锁定在欧林雅上。

2006 年 9 月，他们夫妇俩再次来到欧林雅考察，拓展部经理为他们详细介绍了欧林雅的产品特点、品牌文化、加盟政策、市场布局以及未来的前景，以及公司对于加盟商在培训和广告等方面的支持。后来，她认同了欧林雅的理念，与欧林雅签约。

签约后，由于还没有找到合适的店铺，加上欧林雅当时刚刚起步，品牌知名度不高，从签订合同起到门面到位之前的那几个月，李元英每天带着欧林雅的毛巾，在惠州各个主要人流集中的路段去推广。正因为她这几个月的坚持不懈，为日后自己店面的发展壮大奠定了基础。

刚开始欧林雅只有毛巾系列的产品，加之产品知名度低，因此前期的经营非常困难。但李元英身上有一股不肯服输的劲头，她每天带着两个店员在店里搞推广、搞促销，不厌其烦地给每一个走进店里的准顾客做产品介绍，经过半年的努力，终于有了回报。

2007 年 8 月，李元英的第一家分店正式开业，在随后的几年里，欧林雅在惠州的市场越做越大。到 2010 年的时候，她已在惠州地区开设了 11 家欧林雅专卖店。欧林雅在惠州地区已经拥有了一定的知名度，李元英的事业也步入正轨。

但好景不长，很快她的资金周转、团队、店铺销售业绩均出现了问题。经过一番思考，找到了原因所在：当时店铺经营状况参差不齐，加之部分店铺销售业绩不佳，很多店员提出离职，而这些人都是最早跟随李元英出来做事的老乡和朋友。

为了稳定这些员工，李元英做出了一个大胆的决定，关停不盈利的街边店铺，专注经营惠州的高档商场。对于员工进行股权激励，在留下经营的店铺中，拿出几个店做股权激励，让员工成为老板，待店铺经营到一定程度的时候再全部转给店员，正是采取这样的方式，使得李元英在店铺减少 4 家的情况下，销售额不降反增。

在2010年之后的两年当中，她的销售业绩在欧林雅公司始终排名前三，年销售业绩现在也稳定在500万元以上，惠州市场也成为欧林雅多店经营的样板区域。

李元英用她个人的坚持与魅力，诠释了一段成功创业的故事，也用她的经历向更多加盟商证明，欧林雅的事业是值得做下去的朝阳产业。

2. 湖南文微微的VIP至尊服务

湖南攸县加盟商文微微，是80后女孩，毕业后原本在南方大城市打工，当她有了一些积蓄之后，便想到了自主创业。经过多方考察之后，她加盟了欧林雅，在家乡湖南攸县的老街开了一家欧林雅专卖店。

文微微原来在公司里担任文员，可以说没有任何经商经验，但是，在欧林雅总部人员的协助之下，开业当天就卖了6000多元。此后，文微微的生意稳步攀升，每月的销售额都稳定在几万元，第一家店铺让文微微尝到了自主创业的甜头。

到了年底，她在老街另一头的步步高商场一楼，开了第二家欧林雅专卖店，第二家店铺的生意比第一个店还要好。

在与欧林雅合作的过程中，她不断加深对品牌的理解，经过几年的努力，她又把目光转向了攸县下辖的一个煤矿，煤矿所在的镇距离县城有一个半小时的车程，她之所以看中这里，因为她知道煤炭企业蕴涵着强大的消费能力。

两年之后，她在这个煤矿所在的镇上租下了最好的门面，办起了第三家欧林雅专卖店。生意做得红红火火，每年的业绩都在递增，当大家都反映零售业越来越难做的时候，文微微的销售业绩还是那么稳定。对于这一点，连她自己都觉得很是幸运。这是一个城市人口不到15万的一个小县城，而且基本没有流动人口，店面的销售70%源自VIP顾客，目前店面的VIP已经有5000多人，谈起VIP的管理，她说这是一项很细腻，需要很用心维护的工作。

文微微的成功经验有这样几点：

（1）坚持不懈地开发会员

会员的开发，是稳定市场的秘诀之一，首先要做好与顾客的沟通交流，建立良好的互动关系，简单来说，就是让顾客进店购物消费没有心理障碍，感觉不到任何的拘束和不适，更不能引起强烈的厌恶逆反心理，对进店的顾客，要学会赞美顾客着装、提供专业的产品知识、协助试穿、倒杯水等，并且始终"尊重"顾客的试穿。

（2）孜孜不倦的会员管理

会员管理的第一步就是对已开发并登记入册的会员，根据其消费经历和能力，进行分类。按照公司VIP管理制度，分为4个等级，依次为钻石卡、铂金卡、金卡、银卡。然后分别由店长、店助、店员分工维护。

一类为钻石卡客户，由店长维护。这类客户就是真正意义上的VIP顾客，这部分人每年都来光顾店铺，并且经常会穿着我们的品牌，基本上每个月他们都会来店铺进行不定期消费。这部分顾客的忠实度和对品牌的认可度是非常高的。店长维护的是占据市场份额的有力保障。

二类会员为我们的铂金卡、金卡会员，是可提升为钻石卡的群体，他们品牌认识度比第一部分会员低，会考虑品牌的价格和其他因素，所以，他们也是最需要花费精力去争取的，因为这部分会员一般是具有很强的购买力，争取、维护的好会成为忠实客户，争取、维护的不好就流失到竞争对手那里。

店员负责维护三类会员，就是银卡会员了。

会员分类之后，让一类VIP享受最优惠的折扣，让二类、三类会员争取达到一类会员级别，享受尊贵待遇。分了等级，就需要区别对待，如果老客户和新客户待遇一样，VIP和普通顾客享受一样的折扣，那么会员管理就失衡了，就是无序管理了。

（3）投入情感的会员维护

会员维护可以采取很多方式，但总的说来就是物质投入和感情投入，这两者是对会员维护的必备投入。根据积分和会员等级，按会员管理系统记录和分类，采用电话回访和短信通知、POP告知等多种形式，把对顾客的感激之情及时送达。对于一般客户，给予他们优先知情权，每每有新款或促销活动，第一时间告知他们。还可以通过送生日祝福、乔迁祝福等方式，将一束花、一张卡片，一份精致的礼物，或少许的礼金送给客户。

从服务上，对会员与普通顾客也加以区分。比方说普通顾客不打折，会员可以打折并加送小礼品，会员可以进行积分兑换。普通顾客要试穿几次才能够选出适合尺码，会员则被牢牢记住并准确说出他们的尺码和喜好款式。并且每年年终做统计，在店内年消费过万的客户，文微微亲自送上礼品，表达对顾客的感恩之情。

有的会员不在本地或者是出差，文微微的团队会通过微信发送新款上市的活动，并第一时间将适合会员的款式的图片发送给他们，顾客如果觉得款式合适，就会将货定下来，并将钱汇入账户，文微微再将货品快递给会员。而且还针对会员的需求，随时提供熨烫衣服等服务。

我们所做的这一切，都是为了一个目的，那就是要让会员在这里感受到一种优越感和亲切感。

3. 邵阳黄素君的店铺管理

黄素君是湖南邵阳的加盟商，加盟欧林雅已经5年了。回首过去的5年，他与欧林雅公司共同成长，在这短短的5年中，先后开了5家专卖店，使欧林雅竹纤维产品在邵阳地区市场份额占到了80%。

2009年6月18日，黄素君在家人的支持与鼓励下，在双拥路的第一家店隆重开业了，店铺面积约50平方米。开店初期，店铺由黄素君的爱人经营，黄素君主要负责外面的团购业务。开始的几个月，店铺业绩一直不稳定，顾客进店率高，成交率低，每天只能卖几百块钱，团购方面也是屡遭挫折，因为人们对欧林雅产品还不熟悉，黄素君夫妻感到束手无策。

就在此时，公司的市场区域经理伸出援手给了他们很大的支持与鼓励，对他们进行店铺销售技巧方面的培训和产品知识的讲解，使他们对欧林雅的产品有了更深入的了解，店铺的业绩因此得到了提升。

在团购方面，通过跟公司培训老师的沟通学习，黄素君的经营能力得到了提升，经过前期赠送体验产品到后期的维护，再到团购的成交，一次次的成交打消了他的顾虑，坚定了他做下去的信心。

为了使欧林雅产品能够迅速占领市场，2010年3月28日，黄素君在当地比较繁华的街道大信街上开了第二家店。这个店附近的商圈所吸引的顾客有一定的消费能力，针对这个情况，黄素君及时做了产品定位，专门做中高档商品，并且对会员进行定期回访，实行积分兑换，直到今天，黄素君的店铺业绩一直稳中有升。

有了两家专卖店以后，为了向更高的目标迈进，2010年12月，黄素君正式进驻了当地友谊联都商场三楼专柜（大祥区西湖桥头），在这里开了第三家店，做商场比较轻松，店员由商场统一管理，每月只要进行月结对账就可以了，而且客源非常稳定。

2011年5月，黄素君又和当地连锁超市佳惠百货合体，争取到了一个面积为15平方米左右的靠墙的位置，开了第四家店铺。

在城里开了4家店以后，黄素君开始向周边的县城发展。2013年4月在邵阳洞口县双拥路开了第五家分店，2014年4月，新邵点开业。

黄素君管理店铺的心得有这么几点：

（1）组织结构

店铺设立总店长一名，全权负责日常工作，安排工作日和休假，负责全体员工的培训，负责结算每月员工工资，反映员工对老板的意见和建议，以及顾客对产品的看法。

各店各设店长一名，负责店铺日常工作，做好销售工作和调货工作，做好每月库存盘点工作，做到账实相符，账款相符，店员配合店长工作，做好销售工作，达成目标。

（2）操作方法

开一家店巩固一家店，赚钱了再去开第二家店，如此拓展下去。

学习力就是生产力。不断地学习，参加公司的各项培训，学习其他优秀加盟商成功的经验，提高自身素质。

不断地培训员工，每个月培训一次，分享好的店铺管理经验，剖析失败的教训，在培训中提高员工的能力，完成销售目标。

加强店铺精细化管理，以管理来增强凝聚力和战斗力。

（3）内外部支持

公司的支持是成功的关键，各级领导了解和询问店铺的工作，傅总亲自到店指导工作，有困难公司就会及时支援。

重点关注会员的成长，每月会员消费可以占月销售业绩的60%以上，关爱员工的生活，了解员工的个性及关于店面销售的想法，保持及时沟通。

注重团购，影响市场，与市人力保险多年合作大大提升了欧林雅品牌在当地的影响力。

（4）市场影响力

欧林雅在邵阳开店后，其他多家竹纤维企业因为产品问题、员工素质问题、产品推广问题等相继关门，无法正常营业。跟欧林雅几乎是同时开业的尚来雅、法莱雅也相继关门，可以说欧林雅已经完全稳固占领邵阳市场。现在黄素君的团购业务已经做到了邵阳的千家万户，市政府、市政法委的领导买内衣、家居服都只认准欧林雅这个品牌。

党的十八届三中全会以后，民营企业将会得到更大的发展，欧林雅人以实干兴业的精神，创新发展，争取更大的飞跃。

4. 山西晋城樊燕琴的大客户策略

山西晋城的加盟商樊燕琴，自2008年加盟欧林雅以来，已经走过了6年的发展之路，如今已拥有3家专卖店。

回顾与欧林雅相伴走过的6年时光，樊燕琴感触颇深，收获甚丰。回想起6年前的自己，那时候虽然经营着一家粮油门市部，但是每天很累，却赚不了多少钱。

对于没有固定收入的樊燕琴来说，她非常想多增加点收入来改善家里的生活条件，但是一直没有什么好的项目。

她经常不断地问自己：“樊燕琴，你到底想要做什么？”这个问题折磨了她很久。就在2008年的一天，樊燕琴突然感觉身体不适，腹部疼痛难忍，家人急忙将她送到医院。经医生检查，她患了“胆囊炎”，需要做手术。

樊燕琴是一个坚强的女人，病痛并没有将她吓倒。经过这一场病，她反而更加坚定了自己创业的决心。她想到“人生苦短”，一定要在自己最好的年华里做点自己喜欢的事情。

手术完回家住了两个多月后，樊燕琴决定自己创业。于是，她开始通过电视、报纸、网络来寻找创业商机。

一次偶然的机会，樊燕琴在网上看到了有关欧林雅招商的介绍信息，上面详细介绍了竹纤维以及欧林雅这个品牌，这让久寻商机的樊燕琴非常激动，她决定到欧林雅总部实地考察。

到了欧林雅总部之后，欧林雅严格的内部管理机制、具有竞争力的品牌效用、专业的团队人才、先进的产品研发水平、公司实力等，都深深地吸引了樊燕琴。经过考察，更坚定了樊燕琴加盟欧林雅的决心。

樊燕琴毅然加盟了欧林雅，成为欧林雅晋城地区的加盟商。俗话说得好：“大树底下好乘凉。”创业的时候能够找到一个好的平台是幸运的，这样会大大降低创业风险，还可以利用品牌的价值实现共赢。

为了做一个合格的经销商，樊燕琴特地从书店买回了很多关于创业方面的书，针对自己的实际情况，制定了一个大致的创业规划。

樊燕琴认为，普通人创业，在创业初期所拥有的资金、经验以及专业特长等都十分匮乏，这个时候最重要的不是多元发展，而是想清楚自己最擅长什么，业贵精专，纵使遇到挫折，也要静下心来，总结自己究竟哪些做得不对，如何改正。匆忙放弃，或者看到别的行业发展良好就忍不住改弦更张，最后只能是两手空空。

樊燕琴刚加盟欧林雅的时候，公司也刚刚成立两年的时间，正处于上升期，而对于樊燕琴来讲，面临的首要问题就是顾客对产品的认可，因为这直接决定市场占有率，更决定了她创业的成败。

2008 年，公司确立了“只为健康品质生活”的品牌理念。2009 年初，樊燕琴也确定了“以真诚服务求生存，以维护品牌形象为基础”的经营理念。

为了打开市场，樊燕琴每天起早贪黑搞宣传，通过报纸、电视广告的形式，让晋城人对欧林雅的产品有了个初步的了解。与此同时，樊燕琴还到酒店、住宅小区去推销产品，为他们提供送货上门的服务，价格始终做到最合理，服务始终做到最优质。虽然感觉很辛苦，但是每天过得很充实，累并快乐着，因为樊燕琴知道，既然选择了远方，留给世界的就只能是背影。

付出总会有回报的，对于樊燕琴来说，店铺就像是她的孩子，在她的辛勤哺育下一点点地长大了，一直做到现在的规模。

由于欧林雅总公司过硬的产品质量，再加上樊燕琴自己的努力经营，欧林雅产品得到客户一致的好评，大家的认可是樊燕琴最大的鼓舞和动力，樊燕琴每天起得更早，回得更晚，就这样，店里的回头客越来越多，樊燕琴经常听到客户说：“用你的产品很放心”。

樊燕琴虽然不善言辞，但凡是在她这里购买过产品的新顾客，下次一定会成为樊燕琴的回头客。新老客户的一致信任让樊燕琴感到信心十足。

为了不断提升服务的品质，樊燕琴还定期向顾客咨询对产品以及服务的意见，并及时总结、改进，顾客有好的建议，樊燕琴也会及时汇报给总公司。

为了提高自身的业务素质，只要有时间，樊燕琴就跑到附近书店购买大量关于销售方面的书籍，如饥似渴地阅读。因为她知道，21 世纪，不学习的人迟早会被淘汰。

在樊燕琴的专卖店里，有一批跟她一起创业的员工。在这里，大家仿佛是一个大家庭的成员，从来没有员工和老板之间的区别，在一起吃饭，在一起逛街，员工发现什么货少了，就主动补货，从来不用等老板说话。

每逢节假日，搞促销的时候，大家回家都很晚，但没有一个人叫苦叫累。樊燕琴从前也是给别人打工的，她很理解员工的心情，所以，经常站在员工的角度去看问题，在很多小事上，给员工最大的帮助和支持。她的付出换来了回报，员工都把樊燕琴看成自己的家人和朋友。在她的店里，每一个员工都把樊燕琴的目标当成自己的目标，大家都在为实现这个目标而奋斗。

时至今日，欧林雅产品已形成5大系列、400多个品种，2000多种规格的庞大规模，成为国内屈指可数的大型高新技术型企业，全国专卖店已超过1000多家，市场营销网络遍布全国，竹纤维市场占有率高居全国第一。看到欧林雅取得的这些成果，樊燕琴很激动，她庆幸自己找到了一棵大树，也更坚定了她成为欧林雅人的信心和决心。

欧林雅给樊燕琴带来了幸运和财富，也给樊燕琴带来了创业的乐趣，丰富了樊燕琴的人生经历。

5. 云南丽江乔益香的团购策略

云南丽江是中国最美的地方之一，欧林雅云南经销商乔益香的店就在丽江鱼米河步行街上，与丽江古城及丽江最繁华的商业街七星街只有咫尺之遥。

但是，如果从商业的角度来考察，这个地方真算不上是好位置，因为周边的服装店稀少，人流也稀少。因此，在丽江店开业初期，店主乔益香便开始思考店铺的出路。

经过一段时间观察与宣传，乔益香最终确定会员管理为店铺的核心，并且要求会员管理制度严格按公司制度执行，并推陈出新，如生日礼品的多样化（从单纯的赠送欧林雅产品到根据会员的不同背景赠送鲜花、蛋糕、披风等），他们在会员的档案中详细记录会员喜好的款式、颜色，并且记住会员的尺码及姓名。

坚持一段时间后，凭借乔益香真诚的服务和推荐，会员消费在稳步上升，会员数量也逐渐增多，更加可喜的是，会员与老板之间建立起了深厚的友情，会员们有事没事都喜欢到店里来，跟乔姐聊天。通过聊天，也让乔益香增加了对顾客的了解。

一次偶然的机会，乔益香在与一个会员聊天的时候了解到，这个会员正在筹备他们公司的中秋礼品，经过一番交谈，乔益香得知，这个会员是企业的副总，她就精心为顾客搭配了几个不同价位的礼盒，让这位副总带回公司去商讨，三天后，副总带来了一个近12万元的订单。

第二年，这个会员在“三八”节的时候与乔益香商量，又以代金券的形式签一个5万元的团单，让这个企业的女员工可以到乔益香的店铺里自由选购。

经过这件事，乔益香的信心倍增，她在巩固好会员的同时，店中定期推出应节的礼盒包装及代金券、礼品，在会员维护的同时产生了大量的团购单子。团单发放又吸引来新的消费者，消费者又变成会员，乔益香的店铺逐渐形成一个良性的循环体系，也让乔益香的单店业绩一直稳稳地排在欧林雅西南大区的第一名。

6. 宁夏徐彩霞进驻高端商场策略

宁夏银川加盟商徐彩霞，是典型的80后。2010年3月12日，徐彩霞已经怀孕9个月了，她在去幼儿园接女儿的时候，随手在幼儿园门口的报刊亭上买了一本《知音》杂志，当她看到由鲁豫做形象代言的关于欧林雅的报道时，凭着女人敏锐的第六感，她预料到进入竹纤维行业，将是一次难得的赚钱机会。

因为，其产品本身很有竞争力，符合现代人对于健康、品质、品牌的追求。而且产品多元化，像毛巾、袜子、内裤一类的产品又属于快速消费品，在一定程度上降低了投资的风险。再加上她多年做生意累积的人脉，完全可以带动团购。

看完报道，徐彩霞与老公一合计，马上拿起电话与欧林雅湖南总公司联系，订了次日一早的机票飞往湖南。

当时，距离徐彩霞预产期只有两周的时间，到了机场，航空公司拒载36周以上的孕妇。徐彩霞为了考察项目，只能跟航空公司签了免责书，承诺出现任何意外均与航空公司无关，才得以顺利登机。

徐彩霞2010年3月13日抵达长沙，14日签约欧林雅，15日返回银川，回到银川之后，她开始马不停蹄地选址，筹备专卖店的开业。

2010年3月31日，徐彩霞的儿子出生，2010年4月20日，银川市第一家欧林雅专卖店就在新华西街隆重开业。欧林雅专卖店以“自然与你更亲近”的全新面貌出现在银川，为徐彩霞进军欧林雅事业开了一个好头。

开业一个星期，销售业绩与徐彩霞预期一样理想，顾客对产品的认知度非常高，回头率达到了80%以上。她的销售团队对产品充满信心！也为欧林雅在银川打开局面增加了动力。

2010年9月16日，北京物美第一家大型超市落户银川高新区，欧林雅顺利入驻超市外租区，并拿到了收银口的位置，开业当天销售业绩达8000余元。

2010年10月，宁夏百货龙头企业新华百货定位的高端商场——新华百货现代城店筹备开业，徐彩霞与公司商议，认为入驻新华百货，是短期内树立品牌形象，提高品牌知名度最直接、最有效的方法，于是决定拿下现代城！

她拿着专卖店和物美店的销售业绩，找到新百的招商部，经过详细介绍及品牌规划，新百同意品牌入围竞争。

为了让欧林雅能够顺利进驻新百，徐彩霞和欧林雅公司的工作人员提着欧林雅的毛巾袜子礼盒，给新百所有管理层每人送一份，要求大家试用。

结果功夫不负有心人，新百的老总出差到青岛的时候，带了一双欧林雅袜子，两双其他品牌棉袜。前两天穿棉袜，每天回到酒店之后袜子都是潮湿的，必须天天洗。

第三天，他换上了欧林雅的竹纤维袜子，晚上回来的时候袜子仍然是干的。这款产品给这位老总留下了非常深刻的印象，加上之前徐彩霞在物美的专卖店业绩良好，于是他欣然同意，2010年10月16日，欧林雅正式入驻新华百货现代城。

随后，徐彩霞于2012年11月24日，进驻新华百货老大楼店。2013年4月20日，进驻新华百货东方红店。目前为止，各个店铺都运营良好。

徐彩霞通过自己不懈的努力，在短短的4年时间里，通过入驻当地最强势的百货店，将欧林雅品牌做成了银川人家喻户晓并且受到广大消费者喜爱的品牌之一。

目前，各店铺的业绩稳中有升，她对欧林雅的未来充满信心。徐彩霞对欧林雅总部的评价是“公司管理很科学，重视终端，从配货制到订货制，始终以市场为导向”，甚至在订货会之前，会先开一个选款会。可见欧林雅非常重视终端对于产品的反馈信息，并且会及时对货品做出相应的调整。

她总结的欧林雅第二个特点是，从来没有放弃过学习，所以一直都在进步。从管理层集体赴海尔等行业先锋学习，到面向终端开设的欧林雅学院：宝贝快长营、王牌店长、A 级加盟商培训，再到公司不惜重金做产品定位。在壮大品牌的路上，欧林雅始终是行业标准的制定者。

有句话说得好，叫做“选择比努力更重要”，徐彩霞相信欧林雅一定会飞得更高、走得更远，因为最美的风景还在远方……

附录三
加盟商分享

安徽淮北　张 莉

有梦的天空会更蓝

人生需要开拓，开拓改变人生。结缘欧林雅，走进欧林雅，她使我的生活更新更美，人生之路更宽更广。

正确选择

1991年我学校毕业，分配到全国大型纺织企业——淮北市纺织二厂实验室工作，老公是一名学校领导，女儿乖巧听话，生活无波无澜，平平淡淡，但也其乐融融。一直到2007年3月，一本《知音》杂志上关于欧林雅生态竹纺的专项介绍，激发了我创业的激情。欧林雅生态竹纺的神奇特性，让我怦然心动。

虽然当时人们对欧林雅竹纤维产品还比较陌生，甚至有很多人对“竹纤维”这一名词连听都没有听过，但我却敏锐地察觉这正是竹纤维销售市场的广阔前景所在。

就像两个市场调查员到一个岛上做鞋子的市场调查一样，看到岛上的人全都赤脚，一个调查员汇报说岛上无任何市场，而另一个调查员却认为这是没有开拓的市场，前景广阔诱人。多年后，果如后者所言。80年代，人们生活水平较低，手机、小汽车是很多人连想都不敢想的奢侈品。而国际手机、汽车业巨头却纷纷进入中国，今天看来，他们的眼光又是何等敏锐长远。

这说明，愈是人们陌生的产品，愈是蕴藏着无限的商机。当时我坚信随着人们收入的提高，消费观念养生观念的转变，欧林雅生态竹纺一定会大行于市。人们喜购名牌，那仅仅是一种心理感受，而选择我们欧林雅产品不仅是品牌，而且更是实实在在、真真切切的生活感受与享受。

成功者不一定是学历高的人，但一定是有胆量、有远见的人。选择大于努力，选对项目，创业便成功了一半。我选择欧林雅，选准了项目，成功似乎在向我招手。

试水顺利

于是在一个雨夜，我和一位同学踏上了去长沙的火车。老公知道后打电话劝阻，他说很多报纸杂志上的加盟产品根本没有市场，多是骗经营者的加盟费。

当时我也忐忑不安。但到了设在湖南长沙的欧林雅总部后，看到了欧林雅家纺繁多的品种，切身了解到生态竹纺的舒适、透气、抑菌和抗异味，绿色环保的神奇特性，感受到公司高层领导傅总、唐慧奇经理的真诚与热情，我一颗悬着的心放了下来。

当即与公司签了试销合同，带回了第一批货，上班时我把产品放到厂里各车间办公室，让领导试用，领导成了义务宣传员。一时间厂里厂外到处都在谈论竹纤维这一种神奇的纤维。第一批货很快销售一空，尔后还不断地有人上门求购，于是 2008 年 1 月我决定在淮北市久兴批发购物中心开淮北市第一家竹纤维专卖店“欧林雅生态竹纺”。

我放弃了国营企业员工身份，独自奔向我选择的目标。没有钱，到处借，没有人支持，我独自支撑。货不足，周边城市加盟商的剩货我全部调进来。纺织厂的工人成了我第一批的回头客。她们口口相传，扩大了专营店知名度。第一次进店来未购产品的顾客，一定会回头，因为我让她们记住了欧林雅竹纤维的神奇；购买产品的客户，她会不断购买，因为她切身感受到了产品的神奇。我相信欧林雅产品优越于其他同类产品，我对欧林雅竹纤维充满感情。

老公对我说，不要销售自己喜爱的产品，因为你会因喜爱而惜售，我的回答是否定的，因为当我站在欧林雅产品面前，我总是信心满满，而当你充满自信地介绍自己喜爱的产品时，顾客才会被你打动。加上我的热情好客，服务周到，客户越来越多，不到一年，我就还清了几万元的借款，家人也由反对变为了支持。《淮北日报》记者对我进行了专题采访，并整版介绍了欧林雅与我创业的历程。

成功拓展

“欲穷千里目，更上一层楼”乘着市场进一步拓展的东风。2010年6月我又在淮北市最大的大润发超市所在的商场“相王国际购物中心”开了第二家专营店。开业第一天营业额达到了6万元，只是一个下半年我就买了一辆十几万的别克轿车，这是我上一辈子的班可能也做不到的事。

后来，全国知名企业高端购物中心——“金鹰”落户淮北，在上海分公司毛经理、王攀经理的鼓励下，我又打算把我们欧林雅产品做到高端商场里，预计在8月秋冬款上市之时第三家专卖店正式开业，而且我很有信心把它做得很好。

欧林雅产品种类越来越丰富，质量越来越好，市场需求越来越广，公司对加盟商的支持力度也越来越强。站在这么好的一个平台上，我相信我们欧林雅人的未来一定会更加辉煌。

感谢欧林雅，感谢欧林雅各级领导，没有你们的支持与关怀，就不会有我今天的成绩，我绝不会辜负你们的期望，因为有了你们，才使我拥有了一片属于我自己的蔚蓝天空。

附录四

企业部分荣誉

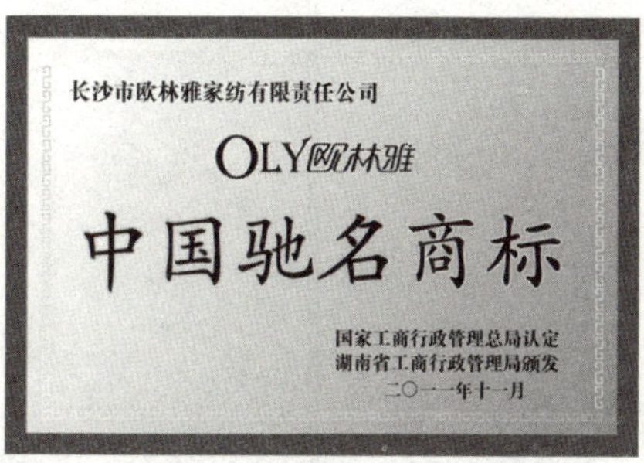

中国驰名商标

高新技术企业认证

湖南省著名商标

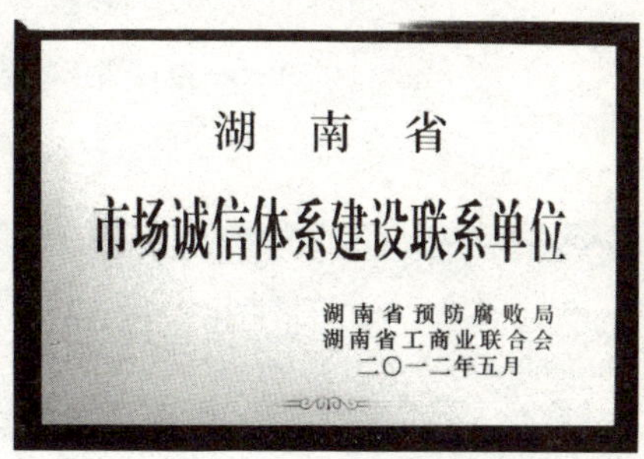

市场诚信体系建设联系单位

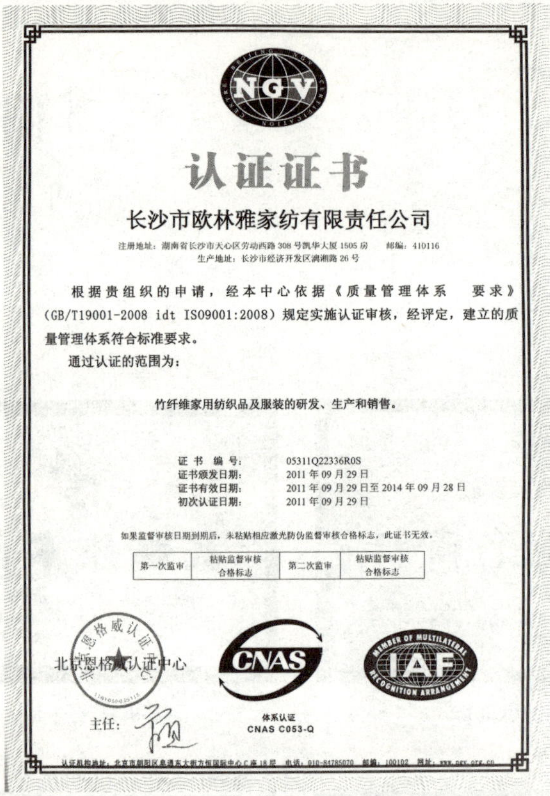

认证证书

长沙市欧林雅家纺有限责任公司

注册地址：湖南省长沙市天心区劳动西路308号凯华大厦1505房　　邮编：410116
生产地址：长沙市经济开发区漓湘路26号

根据贵组织的申请，经本中心依据《质量管理体系　要求》(GB/T19001-2008 idt ISO9001:2008）规定实施认证审核，经评定，建立的质量管理体系符合标准要求。

通过认证的范围为：

竹纤维家用纺织品及服装的研发、生产和销售。

证书编号：　05311Q22336R0S
证书颁发日期：　2011年09月29日
证书有效日期：　2011年09月29日至2014年09月28日
初次认证日期：　2011年09月29日

如果监督审核日期到期后，未粘贴相应激光防伪监督审核合格标志，此证书无效。

第一次监审	粘贴监督审核合格标志	第二次监审	粘贴监督审核合格标志

北京恩格威认证中心

主任：

体系认证
CNAS C053-Q

ISO9001：2008质量管理体系认证

林业龙头企业

名牌名企奖

图书在版编目（CIP）数据

赢在品质 ：欧林雅连锁制胜密码 / 杨秋良著. --
北京 ：企业管理出版社，2015.2

ISBN 978-7-5164-0913-8

Ⅰ. ①赢… Ⅱ. ①杨… Ⅲ. ①服装企业－工业企业管理－经验－湖南省 Ⅳ. ①F426.86

中国版本图书馆 CIP 数据核字（2014）第 173065 号

书　　名：赢在品质
作　　者：杨秋良
责任编辑：杨苏敏
书　　号：ISBN 978-7-5164-0913-8
出版发行：企业管理出版社
地　　址：北京市海淀区紫竹院南路 17 号　　邮编：100048
网　　址：http://www.emph.cn
电　　话：总编室（010）68701719　　发行部（010）68701816
　　　　　编辑部（010）68701408
电子信箱：80147@sina.com
印　　刷：北京隆昌伟业印刷有限公司
经　　销：新华书店
规　　格：170mm×230mm　　16 开本　13 印张　150 千字
版　　次：2015 年 2 月第 1 版　　2015 年 2 月第 1 次印刷
定　　价：39.00 元
